Himmelske Kager
En Kagekogebog til Sjælen

Line Mortensen

Indhold

Havre- og rosinkager 12

Havregrynssmåkager med smag 13

Fuldkorns cookies 14

Orange småkager 15

Appelsin og citron cookies 16

Appelsin- og valnøddekager 17

Appelsin- og chokoladekager 18

Smagsappelsinkager 19

Peanut Butter Cookies 20

Jordnøddesmør og chokolade hvirvler 21

Havregrynssmørkager 22

Honning og kokos jordnøddesmør cookies 23

Pecan Cookies 24

Pinwheel Cookies 25

Hurtige kærnemælkskager 26

Rosin cookies 27

Bløde rosinkager 28

Rosin og sirupskiver 29

Ratafia cookies 30

Ris og müsli cookies 31

Romanske cremer 32

Sandkager 33

Cremefraiche cookies 34

Brunt sukker cookies 35

Sukker og muskatnød cookies 36

Græstørvskage 37

Jule sandkage 38

Honning Shortcake 39

Citron sandkage 40

Småkage med hakket kød 41

Nøddekage 42

Orange Shortcake 43

Rich Man's Shortcake 44

Fuldkorns havre sandkage 45

Mandelfritter 46

Chokolade marengs sandkage 47

Cookie mennesker 48

Iced ingefær kage 49

Shrewsbury kiks 50

Småkager med spanske krydderier 51

Gammeldags krydderkager 52

Havkiks 53

sirup, abrikos og valnøddekager 54

Sirup og kærnemælkskager 55

Sirup og kaffekager 56

Sirup og date cookies 57

sirup og ingefær cookies 58

Vanilje cookies 59

Valnøddekager 60

Sprøde småkager 61

Cheddar cookies 62

Blue cheese cookies...63

Ost og sesamkager..64

Oste sugerør 65

Ost og tomatkager...66

Gedeostbid 67

Skinke og sennepsruller..68

Skinke og peberkiks 69

Simple urtekager 70

Indiske kiks...71

Sandkage med hasselnød og skalotteløg 72

Laks og dild cookies 73

Sodavand cookies 74

Tomat og parmesan hjul...75

Tomat- og urtekager...76

Grundlæggende hvidt brød 77

Bagels...78

Baps 78

Cremet bygbrød..80

Øllebrød..81

Boston Brown Bread...82

Blomsterpotter af klid 83

Smørede ruller 84

Kærnemælksbrød 85

Canadisk majsbrød 86

Cornish ruller 87

Landbrød..88

Landvalmueflet 89

Rustikt fuldkornsbrød 90

Karry fletninger 91

Devon knækker 93

Frugtagtigt hvedekimbrød 94

Frugtige mælkefletninger 95

Ladebrød 96

Laderuller 97

Ladebrød med hasselnødder 98

Grissini 99

Høst fletning 100

Mælkebrød 102

Mælk og frugtbrød 103

Morning Glory Brød 104

Muffin brød 104

Usyret brød 106

Pizzadej 107

Havregryn Cob 108

Havregryn Farl 109

Pitta brød 110

Hurtigt brunt brød 111

Fugtigt risbrød 112

Ris- og mandelbrød 113

Sprøde småkager 114

rugbrød 115

Bee klon ring 116

Müslikugler 117

Orange og Rosin Scones 118

Pærestykker 119

Kartoffelstykker 120

Rosin scones 121

Sirup pletter 122

Sirup og ingefær stykker 123

Sultana scones 124

Fuldkornssirup scones 125

Yoghurt scones 126

Stykker af ost 127

Fuldkorns urtescones 128

Skiver salami og ost 129

Fuld hvede scones 130

Barbadisk konkylier 131

Friturestegte julesmåkager 132

Majsmelskager 133

Crumpets 134

Donuts 135

Kartoffel donuts 136

Naan brød 137

Havre Bannocks 138

Pikelets 139

Easy Drop Scones 140

Maple Drop Scones 141

Bageplader 142

Osteagtige grillede scones 143

Specielle skotske pandekager 144

Skotske frugtpandekager	145
Scotch appelsin pandekager	146
Hinny synger	147
Welsh kager	148
walisiske pandekager	149
Mexicansk krydret majsbrød	150
Svensk butterdej	151
Dampet rug- og sukkermajsbrød	152
Dampet sukkermajsbrød	153
Fuldkorn Chapati	154
Fuldkornssejl	155
Mandelkager	156
Mandelkrøller	157
Mandel ringe	158
Middelhavet tonsill revner	159
Mandel- og chokoladekager	160
Amish frugt- og nøddekager	161
Anis cookies	162
Banan, havre og appelsinjuice cookies	163
Grundlæggende cookies	164
Sprøde klid cookies	165
Sesamklid cookies	166
Brand cookies med spidskommen	167
Brandy Snaps	168
Smørkager	169
Butterscotch Cookies	170
Karamel cookies	171

Gulerods- og valnøddekager 172

Gulerods- og valnøddekager med appelsinglasur 173

Kirsebær cookies 175

Kirsebær- og mandelringe 176

Chokolade smør cookies 177

Chokolade og kirsebærruller 178

Chokolade cookies 179

Chokolade og banan cookies 180

Chokolade og nøddebid 181

Amerikanske chokoladekager 182

Chokolade cremer 183

Chokolade chip cookies og hasselnødde cookies 184

Chokolade og muskatnød cookies 185

Småkager overtrukket med chokolade 186

Kaffe og chokolade sandwich cookies 187

julesmåkager 189

Kokoskager 190

Majs cookies med frugtcreme 191

Cornish kiks 192

Fuldkorns ribs cookies 193

Daddelsandwich cookies 194

Digestive cookies (Graham Crackers) 195

påske cookies 196

Florentinerne 197

Florentinsk chokolade 198

Luksus chokolade Firenze 199

Fudge nøddekager 200

Tyske iskager 201

Gingernaps 202

Ingefær cookies 203

Honningkagemænd 204

Fuldkorns ingefær cookies 205

Ingefær og ris cookies 206

Gyldne småkager 207

Hasselnøddekager 208

Sprøde hasselnøddekager 209

Hasselnødde- og mandelkager 210

Honning cookies 211

Kære Ratafias 212

Honning og kærnemælks cookies 213

Lemon Butter Cookies 214

Citronkager 215

Smeltende øjeblikke 216

Müsli cookies 217

Nøddekager 218

Sprøde nøddekager 219

Crunchy Cinnamon Cookies 220

Havrefingre 221

Havre- og rosinkager

Gør 20

175 g/6 oz/¾ kop almindeligt (all-purpose) mel

150 g/5 oz/1¼ kopper havregryn

5 ml/1 tsk malet ingefær

2,5 ml/½ tsk bagepulver

2,5 ml/½ tsk bikarbonatsodavand (bagepulver)

100 g/4 oz/½ kop blødt brun farin

50 g/2 oz/1/3 kop rosiner

1 æg, let pisket

150 ml / ¼ pt / 2/3 kop olie

60 ml/4 spsk mælk

Bland de tørre ingredienser sammen, bland rosinerne i og lav en brønd i midten. Tilsæt æg, olie og mælk og bland til en blød dej. Hæld skefulde af blandingen på en usmurt bageplade og flad den let med en gaffel. Bages i en forvarmet ovn ved 200°C/400°F/gasmærke 6 i 10 minutter, indtil de er gyldne.

Havregrynssmåkager med smag

Gør 30

100 g/4 oz/½ kop smør eller margarine, blødgjort

100 g/4 oz/½ kop blødt brun farin

100 g/4 oz/½ kop strøsukker (superfint).

1 æg

2,5 ml/½ tsk vaniljeessens (ekstrakt)

100 g/4 oz/1 kop almindeligt (all-purpose) mel

2,5 ml/½ tsk bikarbonatsodavand (bagepulver)

En knivspids salt

5 ml/1 tsk stødt kanel

En knivspids revet muskatnød

100 g/4 oz/1 kop havregryn

50 g/2 oz/½ kop hakkede blandede nødder

50 g/2 oz/½ kop chokoladechips

Pisk smør, margarine og sukker til det er lyst og luftigt. Pisk æg og vaniljeessens i lidt efter lidt. Bland mel, sodavand, salt og krydderier sammen og tilsæt blandingen. Rør havre, nødder og chokoladechips i. Læg afrundede teskefulde på en bageplade med smør, og bag kiksene (kiksene) i en forvarmet ovn ved 180°C/350°F/gasmærke 4 i 10 minutter, indtil de er let brunede.

Fuldkorns cookies

Gør 24

100 g/4 oz/½ kop smør eller margarine

200 g/7 oz/1¾ kop havregryn

75 g/3 oz/¾ kop fuldkornshvede (fuldkornshvede) mel

50 g/2 oz/½ kop almindeligt (all-purpose) mel

5 ml/1 tsk bagepulver

50 g/2 oz/¼ kop demerara sukker

1 æg, let pisket

30 ml/2 spsk mælk

Gnid smørret eller margarinen ind i havregryn, mel og bagepulver, indtil blandingen ligner brødkrummer. Rør sukkeret i, og bland derefter æg og mælk i til en stiv dej. Rul dejen ud på en let meldrysset overflade til ca. 1 cm/½ tykkelse og skær den i 5 cm/2 cirkler med en udstikker. Læg kiksene (kiksene) på en bageplade med smør og bag dem i en forvarmet ovn ved 190°C/375°F/gasmærke 5 i ca. 15 minutter, indtil de er gyldenbrune.

Orange småkager

Gør 24

100 g/4 oz/½ kop smør eller margarine, blødgjort

50 g/2 oz/¼ kop strøsukker (superfint).

Revet skal af 1 appelsin

150 g/5 oz/1¼ kopper selvhævende (selvhævende) mel

Pisk smør, margarine og sukker let og luftigt. Arbejd appelsinskalen i, og rør derefter melet i, så det bliver en stiv blanding. Form til store kugler på størrelse med valnød og læg dem på en bageplade beklædt med smurt bagepapir, og tryk derefter let ned med en gaffel. Bag småkagerne (kiks) i en forvarmet ovn ved 180°C/350°F/gasmærke 4 i 15 minutter, indtil de er gyldenbrune.

Appelsin og citron cookies

Gør 30

50 g/2 oz/¼ kop smør eller margarine, blødgjort

75 g/3 oz/1/3 kop pulveriseret sukker (superfint).

1 æggeblomme

Revet skal af ½ appelsin

15 ml/1 spsk citronsaft

150 g/5 oz/1¼ kopper almindeligt (all-purpose) mel

2,5 ml/½ tsk bagepulver

En knivspids salt

Pisk smør, margarine og sukker let og luftigt. Bland gradvist æggeblomme, appelsinskal og citronsaft i, og bland derefter mel, bagepulver og salt i til en stiv dej. Pak ind i plastfolie og stil på køl i 30 minutter.

Rul ud på en let meldrysset overflade til ca. 5 mm/¼ tykkelse og skær i forme med en udstikker. Læg småkagerne på en bageplade med smør og bag dem i en forvarmet ovn ved 190°C/375°F/gasmærke 5 i 10 minutter.

Appelsin- og valnøddekager

Gør 16

100 g/4 oz/½ kop smør eller margarine

75 g/3 oz/1/3 kop pulveriseret sukker (superfint).

Revet skal af ½ appelsin

150 g/5 oz/1¼ kopper selvhævende (selvhævende) mel

50 g/2 oz/½ kop valnødder, malede

Pisk smør eller margarine med 50 g/2 oz/¼ kop sukker og appelsinskal indtil glat og cremet. Tilsæt mel og nødder og pisk igen, indtil blandingen begynder at holde sammen. Form til kugler og læg dem på en smurt bageplade. Bag småkagerne (kiks) i en forvarmet ovn ved 190°C i 10 minutter, indtil kanterne er brune. Drys med den reserverede vanillecreme og lad den køle lidt af, inden den tages ud på en rist for at køle af.

Appelsin- og chokoladekager

Gør 30

50 g/2 oz/¼ kop smør eller margarine, blødgjort

75 g/3 oz/1/3 kop spæk (afkortning)

175 g/6 oz/¾ kop blødt brun farin

100 g/7 oz/1¾ kop fuldkornsmel (fuldkornshvede)

75 g/3 oz/¾ kop malede mandler

10 ml/2 tsk bagepulver

75 g/3 oz/¾ kop chokoladechips

Revet skal af 2 appelsiner

15 ml/1 spsk appelsinjuice

1 æg

Pulversukker (ultra fint) til drys.

Pisk smør, margarine, spæk og farin, til det er lyst og luftigt. Tilsæt resten af ingredienserne undtagen flormelis og bland til en dej. Rul ud på en meldrysset overflade til 5 mm/¼ tykkelse og skær i kiks med en kiksefræser. Læg dem på en smurt bageplade og bag dem i en forvarmet ovn ved 180°C/350°F/gasmærke 4 i 20 minutter, indtil de er gyldne.

Smagsappelsinkager

Gør 10

225 g/8 oz/2 kopper almindeligt (all-purpose) mel

2,5 ml/½ tsk stødt kanel

En knivspids blandet (æblekage) krydderi

75 g/3 oz/1/3 kop pulveriseret sukker (superfint).

150 g/5 oz/2/3 kop smør eller margarine, blødgjort

2 æggeblommer

Revet skal af 1 appelsin

75 g/3 oz/¾ kop almindelig (halvsød) chokolade

Bland mel og krydderier sammen og bland derefter sukkeret i. Pisk smør eller margarine, æggeblommer og appelsinskal i og bland til en jævn dej. Pak ind i husholdningsfilm (plastfolie) og stil på køl i 1 time.

Hæld dejen i en sprøjtepose med stor stjernespids (spids) og rørlængder på en smurt bageplade. Bages i en forvarmet ovn ved 190°C/375°F/gasmærke 5 i 10 minutter, indtil de er gyldenbrune. Lad afkøle.

Smelt chokoladen i en varmefast skål over en gryde med let kogende vand. Dyp enderne af småkagerne i den smeltede chokolade og lad dem stivne på bagepladen.

Peanut Butter Cookies

Gør 18

100 g/4 oz/½ kop smør eller margarine, blødgjort

100 g/4 oz/½ kop strøsukker (superfint).

100 g/4 oz/½ kop knasende eller glat jordnøddesmør

60 ml/4 spsk gylden (lys majs) sirup

15 ml/1 spsk mælk

175 g/6 oz/1½ kopper almindeligt (all-purpose) mel

2,5 ml/½ tsk bikarbonatsodavand (bagepulver)

Pisk smør, margarine og sukker let og luftigt. Rør jordnøddesmør i, derefter sirup og mælk. Bland mel og bagepulver sammen og bland i blandingen, og ælt derefter til det er glat. Form til en bjælke og stil den på køl, indtil den er fast.

Skær i 5 mm/¼-tykke skiver og læg dem på en let smurt bageplade. Bag småkagerne (kiks) i en forvarmet ovn ved 180°C/350°F/gasmærke 4 i 12 minutter, indtil de er gyldne.

Jordnøddesmør og chokolade hvirvler

Gør 24

50 g/2 oz/¼ kop smør eller margarine, blødgjort

50 g/2 oz/¼ kop blødt brun farin

50 g/2 oz/¼ kop strøsukker (superfint).

50 g/2 oz/¼ kop glat jordnøddesmør

1 æggeblomme

75 g/3 oz/¾ kop almindeligt (all-purpose) mel

2,5 ml/½ tsk bikarbonatsodavand (bagepulver)

50 g/2 oz/½ kop almindelig (halvsød) chokolade

Pisk smør, margarine og sukker til det er lyst og luftigt. Bland gradvist jordnøddesmør i, derefter æggeblomme. Bland mel og bikarbonat af sodavand sammen og pisk blandingen til en stiv dej. Smelt imens chokoladen i en varmefast skål stillet forsigtigt over en gryde med kogende vand. Rul dejen til en 30 x 46 cm/12 x 18 og smør med smeltet chokolade næsten ud til kanterne. Rul langsiden sammen, pak den ind i husholdningsfilm (film) og stil den på køl, indtil den er fast.

Skær rullen i 5 mm/¼ skiver og læg den på en usmurt bageplade. Bages i en forvarmet ovn ved 180°C/350°F/gasmærke 4 i 10 minutter, indtil de er gyldne.

Havregrynssmørkager

Gør 24

75 g/3 oz/1/3 kop smør eller margarine, blødgjort

75 g/3 oz/1/3 kop jordnøddesmør

150 g/5 oz/2/3 kop blødt brun farin

1 æg

50 g/2 oz/½ kop almindeligt (all-purpose) mel

2,5 ml/½ tsk bagepulver

En knivspids salt

Et par dråber vaniljeessens (ekstrakt)

75 g/3 oz/¾ kop havregryn

40 g/1½ oz/1/3 kop chokoladechips

Pisk smør eller margarine, jordnøddesmør og sukker til det er lyst og luftigt. Pisk gradvist ægget i. Bland mel, bagepulver og salt i. Rør vaniljeessens, havre og chokoladechips i. Læg skefulde på en bageplade med smør, og bag kiksene (kiksene) i en forvarmet ovn ved 180°C/350°F/gasmærke 4 i 15 minutter.

Honning og kokos jordnøddesmør cookies

Gør 24

120 ml/4 fl oz/½ kop olie

175 g/6 oz/½ kop almindelig honning

175 g/6 oz/¾ kop knasende jordnøddesmør

1 æg, pisket

100 g/4 oz/1 kop havregryn

225 g/8 oz/2 kopper fuld hvede (fuld hvede) mel

50 g/2 oz/½ kop tørret (revet) kokosnød

Bland olie, honning, jordnøddesmør og æg sammen, og bland derefter resten af ingredienserne i. Læg skefulde på en bageplade med smør og flad dem lidt ud, indtil de er ca. ¼/6 mm tykke. Bag småkagerne (kiks) i en forvarmet ovn ved 180°C/350°F/gasmærke 4 i 12 minutter, indtil de er gyldne.

Pecan Cookies

Gør 24

100 g/4 oz/½ kop smør eller margarine, blødgjort

45 ml/3 spsk blødt brun farin

100 g/4 oz/1 kop almindeligt (all-purpose) mel

En knivspids salt

5 ml/1 tsk vaniljeessens (ekstrakt)

100 g/4 oz/1 kop pekannødder, fint hakkede

Flormelis (konditorsukker), sigtet, til afstøvning

Pisk smør, margarine og sukker let og luftigt. Tilsæt gradvist resten af ingredienserne undtagen flormelisen. Form til 3 cm/1½ kugler og læg dem på en smurt bageplade. Bag småkagerne (kiks) i en forvarmet ovn ved 160°C/325°F/gasmærke 3 i 15 minutter, indtil de er gyldne. Serveres med puddersukker.

Pinwheel Cookies

Gør 24

175 g/6 oz/1½ kopper almindeligt (all-purpose) mel

5 ml/1 tsk bagepulver

En knivspids salt

75 g/3 oz/1/3 kop smør eller margarine

75 g/3 oz/1/3 kop pulveriseret sukker (superfint).

Et par dråber vaniljeessens (ekstrakt)

20 ml/4 tsk vand

10 ml/2 tsk kakao (usødet chokolade) pulver

Bland mel, bagepulver og salt sammen, og gnid derefter smør eller margarine i, indtil blandingen minder om brødkrummer. Rør sukkeret i. Tilsæt vaniljeessens og vand og bland til en jævn dej. Form til en kugle, og skær derefter i halve. Arbejd kakaoen ind i den ene side af dejen. Rul hvert stykke dej til et 25 x 18 cm/10 x 7 rektangel og læg oven på hinanden. Rul forsigtigt for at holde dem samlet. Rul dejen sammen fra langsiden og tryk forsigtigt. Pak ind i husholdningsfilm (film) og stil på køl i cirka 30 minutter.

Skær i 2,5 cm/1 tykke skiver og fordel godt fra hinanden på en smurt bageplade. Bag småkagerne (kiks) i en forvarmet ovn ved 180°C/350°F/gasmærke 4 i 15 minutter, indtil de er gyldne.

Hurtige kærnemælkskager

Gør 12

75 g/3 oz/1/3 kop smør eller margarine

225 g/8 oz/2 kopper almindeligt (all-purpose) mel

15 ml/1 spsk bagepulver

2,5 ml / ½ tsk salt

175 ml/6 fl oz/¾ kop kærnemælk

Flormelis (til konditorer), sigtet, til aftørring (valgfrit)

Gnid smør eller margarine ind i mel, bagepulver og salt, indtil blandingen minder om brødkrummer. Tilsæt lidt efter lidt kærnemælk for at lave en blød dej. Rul blandingen på en let meldrysset overflade til en tykkelse på ca. 2 cm/¾ og skær den i cirkler med en kikseudstikker. Læg kiksene på en bageplade med smør og bag dem i en forvarmet ovn ved 230°C/450°F/gasmærke 8 i 10 minutter, indtil de er gyldenbrune. Hvis det ønskes, drys med pulveriseret sukker.

Rosin cookies

Gør 24

100 g/4 oz/½ kop smør eller margarine, blødgjort

50 g/2 oz/¼ kop strøsukker (superfint).

Revet skal af 1 citron

50 g/2 oz/1/3 kop rosiner

150 g/5 oz/1¼ kopper selvhævende (selvhævende) mel

Pisk smør, margarine og sukker let og luftigt. Forarbejd med citronskal, og rør derefter rosiner og mel i til en stiv blanding. Form til store kugler på størrelse med valnød og læg dem på en bageplade beklædt med smurt bagepapir, og tryk derefter let ned med en gaffel. Bag småkagerne (kiks) i en forvarmet ovn ved 180°C/350°F/gasmærke 4 i 15 minutter, indtil de er gyldenbrune.

Bløde rosinkager

Gør 36

100 g/4 oz/2/3 kop rosiner

90 ml/6 spsk kogende vand

50 g/2 oz/¼ kop smør eller margarine, blødgjort

175 g/6 oz/¾ kop strøsukker (superfint).

1 æg, let pisket

2,5 ml/½ tsk vaniljeessens (ekstrakt)

175 g/6 oz/1½ kopper almindeligt (all-purpose) mel

2,5 ml/½ tsk bagepulver

1,5 ml/¼ teskefuld bikarbonatsodavand (bagepulver)

2,5 ml / ½ tsk salt

2,5 ml/½ tsk stødt kanel

En knivspids revet muskatnød

50 g/2 oz/½ kop hakkede blandede nødder

Kom rosinerne og det kogende vand i en gryde, bring det i kog, læg låg på og kog i 3 minutter. Lad afkøle. Pisk smør, margarine og sukker let og luftigt. Pisk æg og vaniljeessens i lidt efter lidt. Bland mel, bagepulver, bikarbonat af sodavand, salt og krydderier i, skiftevis med rosiner og udblødningsvæske. Bland nødderne i og bland til en blød dej. Pak ind i husholdningsfilm (film) og stil på køl i mindst 1 time.

Kom skefulde af dej på en bageplade med smør, og bag kagerne (kiks) i en forvarmet ovn ved 180°C/350°F/gasmærke 4 i 10 minutter, indtil de er gyldne.

Rosin og sirupskiver

Gør 24

25 g/1 oz/2 spsk smør eller margarine, blødgjort

100 g/4 oz/½ kop strøsukker (superfint).

1 æggeblomme

30 ml/2 spsk sort sirup (melasse)

75 g/3 oz/½ kop rosiner

150 g/5 oz/1¼ kopper almindeligt (all-purpose) mel

5 ml/1 tsk bicarbonat sodavand (bagepulver)

5 ml/1 tsk stødt kanel

En knivspids salt

30 ml/2 spsk kold sort kaffe

Pisk smør, margarine og sukker let og luftigt. Pisk gradvist æggeblomme og sirup i, og rør derefter ribsene i. Bland mel, natron, kanel og salt sammen og rør kaffen i. Dæk til og stil blandingen på køl.

Rul til en 30 cm/12 firkant og rul derefter til en træstamme. Anbring på en smurt bageplade og bag i en forvarmet ovn ved 180°C/350°F/gasmærke 4 i 15 minutter, indtil den er fast at røre ved. Skær i skiver og afkøl derefter på en rist.

Ratafia cookies

Gør 16

100 g/4 oz/½ kop granuleret sukker

50 g/2 oz/¼ kop malede mandler

15 ml/1 spsk malet ris

1 æggehvide

25 g/1 oz/¼ kop i flager (skåret) mandler

Bland sukker, malede mandler og malede ris sammen. Pisk æggehviderne i og pisk videre i 2 minutter. Sprøjt småkager (kiks) på størrelse med valnød ud på en bageplade beklædt med rispapir med en 5 mm/¼ standardspids (spids). Læg mandelflager oven på hver kiks. Bages i en forvarmet ovn ved 190°C/375°F/gasmærke 5 i 15 minutter, indtil de er gyldne.

Ris og müsli cookies

Gør 24

75 g/3 oz/¼ kop kogte brune ris

50 g/2 oz/½ kop müsli

75 g/3 oz/¾ kop fuldkornshvede (fuldkornshvede) mel

2,5 ml / ½ tsk salt

2,5 ml/½ tsk bikarbonatsodavand (bagepulver)

5 ml/1 tsk malet blandet (æblekage) krydderi

30 ml/2 spsk klar honning

75 g/3 oz/1/3 kop smør eller margarine, blødgjort

Bland ris, mysli, mel, salt, sodavand og blandet krydderi sammen. Pisk honning og smør eller margarine til det er blødt. Pisk i risblandingen. Form blandingen til kugler på størrelse med valnød og læg dem på smurte bageplader. Flad let, og bag derefter i en forvarmet ovn ved 190°C/375°F/gasmærke 5 i 15 minutter eller indtil de er gyldne. Lad afkøle i 10 minutter, og flyt derefter over på en rist for at afslutte afkølingen. Opbevares i en lufttæt beholder.

Romanske cremer

Gør 10

25 g/1 oz/2 spsk spæk (afkortning)

25 g/1 oz/2 spsk smør eller margarine, blødgjort

50 g/2 oz/¼ kop blødt brun farin

2,5 ml/½ tsk gylden (lys majs) sirup

50 g/2 oz/½ kop almindeligt (all-purpose) mel

En knivspids salt

25 g/1 oz/¼ kop havregryn

2,5 ml/½ tsk malet (æbletærte) krydderi

2,5 ml/½ tsk bikarbonatsodavand (bagepulver)

10 ml/2 tsk med kogende vand

Eller glasur

Pisk spæk, smør, margarine og sukker, til det er lyst og luftigt. Pisk siruppen i, tilsæt derefter mel, salt, havre og blandede krydderier og rør, indtil det er godt blandet. Opløs bikarbonat af sodavand i vand og bland til en glat dej. Form 20 små kugler af samme størrelse og læg dem på smurte bageplader. Flad let med håndfladen. Bages i en forvarmet ovn ved 160°C/325°F/gasmærke 3 i 15 minutter. Lad køle af på bagepladerne. Når de er afkølet, sandwich par cookies med smørcreme frosting (glasur).

Sandkager

Gør 48

100 g/4 oz/½ kop smør eller hård margarine, blødgjort

225 g/8 oz/1 kop blødt brun farin

1 æg, let pisket

225 g/8 oz/2 kopper almindeligt (all-purpose) mel

Æggehvide til glasuren

30 ml/2 spsk knuste jordnødder

Pisk smør, margarine og sukker let og luftigt. Pisk ægget i, og bland derefter melet i. Rul meget tyndt ud på en let meldrysset overflade og skær i forme med en kikseudstikker. Læg småkagerne på en smurt bageplade, pensl toppen med æggehvide og drys med peanuts. Bages i en forvarmet ovn ved 180°C/350°F/gasmærke 4 i 10 minutter, indtil de er gyldne.

Cremefraiche cookies

Gør 24

50 g/2 oz/¼ kop smør eller margarine, blødgjort

175 g/6 oz/¾ kop strøsukker (superfint).

1 æg

60 ml/4 spsk creme fraiche (mælkesyre).

2,5 ml/½ tsk vaniljeessens (ekstrakt)

150 g/5 oz/1¼ kopper almindeligt (all-purpose) mel

2,5 ml/½ tsk bagepulver

75 g/3 oz/½ kop rosiner

Pisk smør, margarine og sukker let og luftigt. Pisk æg, fløde og vaniljeessens i lidt efter lidt. Bland mel, bagepulver og rosiner sammen og rør det godt sammen. Kom afrundede teskefulde af blandingen på let smurte bageplader og bag i en forvarmet ovn ved 180°C/350°F/gasmærke 4 i ca. 10 minutter, indtil de er lige gyldne.

Brunt sukker cookies

Gør 24

100 g/4 oz/½ kop smør eller margarine, blødgjort

100 g/4 oz/½ kop blødt brun farin

1 æg, let pisket

2,5 ml/1 tsk vaniljeessens (ekstrakt)

150 g/5 oz/1¼ kopper almindeligt (all-purpose) mel

2,5 ml/½ tsk bikarbonatsodavand (bagepulver)

En knivspids salt

75 g/3 oz/½ kop sultanas (gyldne rosiner)

Pisk smør, margarine og sukker let og luftigt. Pisk æg og vaniljeessens i lidt efter lidt. Bland resten af ingredienserne til det er glat. Læg afrundede teskefulde en ad gangen på en let smurt bageplade (kageplade). Bag kiksene (kiks) i en forvarmet ovn ved 180°C i 12 minutter, indtil de er gyldenbrune.

Sukker og muskatnød cookies

Gør 24

50 g/2 oz/¼ kop smør eller margarine, blødgjort

100 g/4 oz/½ kop strøsukker (superfint).

1 æggeblomme

2,5 ml/½ tsk vaniljeessens (ekstrakt)

150 g/5 oz/1¼ kopper almindeligt (all-purpose) mel

5 ml/1 tsk bagepulver

En knivspids revet muskatnød

60 ml/4 spsk creme fraiche (mælkesyre).

Pisk smør, margarine og sukker let og luftigt. Pisk æggeblomme og vaniljeessens i, og rør derefter mel, bagepulver og muskatnød i. Blend med fløde, indtil det er glat. Dæk til og afkøl i 30 minutter.

Rul dejen ud til 5 mm/¼ tykkelse og skær den i 5 cm/2 firkanter med en kiksefræser. Læg småkagerne på en usmurt bageplade og bag dem i en forvarmet ovn ved 200°C/400°F/gasmærke 6 i 10 minutter, indtil de er gyldne.

Græstørvskage

Gør 8

150 g/5 oz/1¼ kopper almindeligt (all-purpose) mel

En knivspids salt

25 g/1 oz/¼ kop rismel eller sleben ris

50 g/2 oz/¼ kop strøsukker (superfint).

100 g/4 oz/¼ kop smør eller hård margarine, afkølet og revet

Bland mel, salt og rismel eller malede ris sammen. Rør sukker i, derefter smør eller margarine. Arbejd blandingen med fingerspidserne, indtil den ligner brødkrummer. Tryk i en 18 cm/7 sandwichform (pande), og niveller toppen. Prik med en gaffel og skær i otte lige store skiver, skær gennem bunden. Stil på køl i 1 time.

Bages i en forvarmet ovn ved 150°C / 300°F / gasmærke 2 i 1 time, indtil den er bleg halmfarvet. Lad den køle af i formen, inden den tages ud.

Jule sandkage

Gør 12

175 g/6 oz/¾ kop smør eller margarine

250 g/9 oz/2¼ kopper almindeligt (all-purpose) mel

75 g/3 oz/1/3 kop pulveriseret sukker (superfint).

Til omslaget:

15 ml/1 spsk mandler, hakkede

15 ml/1 spsk valnødder, hakket

30 ml/2 spsk rosiner

30 ml/2 spsk glacé (kandiserede) kirsebær, hakket

Revet skal af 1 citron

15 ml/1 spsk flormelis (ultra fint) til drys

Gnid smørret eller margarinen ind i melet, indtil blandingen minder om brødkrummer. Rør sukkeret i. Pres blandingen til en pasta og ælt til den er glat. Pres ned i en smurt schweizerrullepande (gelérullepande) og jævn overfladen. Bland ingredienserne til belægningen sammen og tryk til en pasta. Markér 12 fingre, og bag derefter i en forvarmet ovn ved 180°C/350°F/gasmærke 4 i 30 minutter. Drys melis på toppen, skær i fingre og lad afkøle i formen.

Honning Shortcake

Gør 12

100 g/4 oz/½ kop smør eller margarine, blødgjort

75 g/3 oz/¼ kop sæt honning

200 g/7 oz/1¾ kop fuldkornsmel (fuldkornshvede)

25 g/1 oz/¼ kop brunt rismel

Revet skal af 1 citron

Pisk smør, margarine og honning til det er blødt. Bland mel og citronskal i og forarbejd til en blød dej. Pres i en smurt og meldrysset 18 cm/7 kageform (pande) eller krumme kageform og prik med en gaffel. Marker 12 skiver og pres kanterne sammen. Stil på køl i 1 time.

Bages i en forvarmet ovn ved 150°C/300°F/gasmærke 2 i 40 minutter, indtil de er lige gyldne. Skær i de angivne stykker og lad afkøle i formen.

Citron sandkage

Gør 12

100 g/4 oz/1 kop almindeligt (all-purpose) mel

50 g/2 oz/½ kop majsmel (majsstivelse)

100 g/4 oz/½ kop smør eller margarine, blødgjort

50 g/2 oz/¼ kop strøsukker (superfint).

Revet skal af 1 citron

Pulversukker (ultra fint) til drys.

Sigt mel og majsmel sammen. Pisk smør eller margarine, indtil det er blødt, og pisk derefter flormelis til det er let og luftigt. Rør citronskal i, og pisk derefter i melblandingen, indtil det er godt blandet. Rul mørdejen til en 20 cm/8 cirkel og læg den på en smurt bageplade. Prik med en gaffel og skær gennem kanterne. Skær 12 skiver og drys med flormelis. Stil på køl i 15 minutter. Bages i en forvarmet ovn ved 160°C/325°F/gasmærke 3 i 35 minutter, indtil den er lys gyldenbrun. Lad den køle af på bagepladen i 5 minutter, før den tages ud på en rist for at afslutte afkølingen.

Småkage med hakket kød

Gør 8

175 g/6 oz/¾ kop smør eller margarine, blødgjort

50 g/2 oz/¼ kop strøsukker (superfint).

225 g/8 oz/2 kopper almindeligt (all-purpose) mel

60 ml/4 spsk hakket kød

Pisk smør, margarine og sukker til det er blødt. Arbejd melet i, derefter hakket kød. Tryk ud i en 23 cm/7 sandwichform og plan. Prik med en gaffel og skær gennem bunden i otte skiver. Stil på køl i 1 time.

Bages i en forvarmet ovn ved 160°C/325°F/gasmærke 3 i 1 time, indtil den er bleg halmfarve. Lad den køle af i formen, inden den tages ud.

Nøddekage

Gør 12

100 g/4 oz/½ kop smør eller margarine, blødgjort

50 g/2 oz/¼ kop strøsukker (superfint).

100 g/4 oz/1 kop almindeligt (all-purpose) mel

50 g/2 oz/½ kop malet ris

50 g/2 oz/½ kop mandler, finthakkede

Pisk smør, margarine og sukker let og luftigt. Bland mel og malede ris i. Bland nødderne i og bland til en fast dej. Ælt let indtil glat. Tryk i bunden af en smørsmurt svejtserrullepande (gelérullepande) og jævn overfladen. Prik det hele med en gaffel. Bages i en forvarmet ovn ved 160°C i 45 minutter, indtil den er lys gyldenbrun. Lad afkøle i formen i 10 minutter, og skær derefter i fingre. Lad formen køle af inden den vendes ud.

Orange Shortcake

Gør 12

100 g/4 oz/1 kop almindeligt (all-purpose) mel

50 g/2 oz/½ kop majsmel (majsstivelse)

100 g/4 oz/½ kop smør eller margarine, blødgjort

50 g/2 oz/¼ kop strøsukker (superfint).

Revet skal af 1 appelsin

Pulversukker (ultra fint) til drys.

Sigt mel og majsmel sammen. Pisk smør eller margarine, indtil det er blødt, og pisk derefter flormelis til det er let og luftigt. Rør appelsinskalen i, og pisk derefter melblandingen i, indtil det er godt blandet. Rul mørdejen til en 20 cm/8 cirkel og læg den på en smurt bageplade. Prik med en gaffel og skær gennem kanterne. Skær 12 skiver og drys med flormelis. Stil på køl i 15 minutter. Bages i en forvarmet ovn ved 160°C/325°F/gasmærke 3 i 35 minutter, indtil den er lys gyldenbrun. Lad den køle af på bagepladen i 5 minutter, før den tages ud på en rist for at afslutte afkølingen.

Rich Man's Shortcake

Gør 36

Til basen:

225 g/8 oz/1 kop smør eller margarine

275 g/10 oz/2½ kopper almindeligt (all-purpose) mel

100 g/4 oz/½ kop strøsukker (superfint).

Til fyldet:

225 g/8 oz/1 kop smør eller margarine

225 g/8 oz/1 kop blødt brun farin

60 ml/4 spsk gylden (lys majs) sirup

400 g/14 oz kondenseret mælk på dåse

Et par dråber vaniljeessens (ekstrakt)

Til omslaget:

225 g/8 oz/2 kopper almindelig (halvsød) chokolade

For at lave bunden, gnid smørret eller margarinen ind i melet, bland derefter sukkeret i og ælt blandingen til en fast dej. Tryk ind i den foliebeklædte bund af en smørsmurt svejtserrullepande (gelérullepande). Bages i en forvarmet ovn ved 180°C/350°F/gasmærke 4 i 35 minutter, indtil de er gyldne. Lad formen køle af.

For at forberede fyldet skal du smelte smør, margarine, sukker, sirup og kondenseret mælk i en gryde ved svag varme under konstant omrøring. Bring det i kog, og lad det simre i 7 minutter under konstant omrøring. Fjern fra varmen, tilsæt vaniljeessens og pisk godt. Hæld i bunden og lad afkøle og sætte sig.

Smelt chokoladen i en varmefast skål over en gryde med let kogende vand. Fordel karamellaget på og lav mønstre med en gaffel. Lad afkøle og sætte sig, og skær derefter i firkanter.

Fuldkorns havre sandkage

Gør 10

100 g/4 oz/½ kop smør eller margarine

150 g/5 oz/1¼ kopper fuldkornsmel (fuldkornshvede)

25 g/1 oz/¼ kop havremel

50 g/2 oz/¼ kop blødt brun farin

Gnid smørret eller margarinen ind i melet, indtil blandingen minder om brødkrummer. Bland sukkeret i og forarbejd let til en blød, smuldrende dej. Rul ud på en let meldrysset overflade til ca. 1 cm/½ tykkelse og skær i 5 cm/2 cirkler med en kiksefræser. Overfør forsigtigt til en smurt bageplade og bag i en forvarmet ovn ved 150°C/300°F/gasmærke 3 i ca. 40 minutter, indtil den er gylden og fast.

Mandelfritter

Gør 16

175 g/6 oz/¾ kop smør eller margarine, blødgjort

50 g/2 oz/1/3 kop strøsukker (til konditorer), sigtet

2,5 ml/½ tsk mandelessens (ekstrakt)

175 g/6 oz/1½ kopper almindeligt (all-purpose) mel

8 glaserede (kandiserede) kirsebær, halveret eller i kvarte

Flormelis (konditorsukker), sigtet, til afstøvning

Pisk smør, margarine og sukker. Pisk mandelekstrakt og mel i. Overfør blandingen til en sprøjtepose udstyret med en stor stjerneformet dyse (spids). Rør 16 flade hvirvler ud på en smurt bageplade (kageplade). Top hver med et stykke kirsebær. Bages i en forvarmet ovn ved 160°C/325°F/gasmærke 3 i 20 minutter, indtil den er lys gylden. Lad det køle af på rist i 5 minutter, kom derefter over på en rist og drys med flormelis.

Chokolade marengs sandkage

Gør 24

100 g/4 oz/½ kop smør eller margarine, blødgjort

5 ml/1 tsk vaniljeessens (ekstrakt)

4 æggehvider

200 g/7 oz/1¾ kop almindeligt (all-purpose) mel

50 g/2 oz/¼ kop strøsukker (superfint).

45 ml/3 spsk kakao (usødet chokolade) pulver

100 g/4 oz/2/3 kop strøsukker (til konditorer), sigtet

Pisk smør eller margarine, vaniljeessens og to æggehvider. Bland mel, sukker og kakao sammen, og bland derefter gradvist i smørblandingen. Tryk i en smurt 30 cm/12 firkantet form (pande). Pisk de resterende æggehvider med flormelis og fordel ovenpå. Bages i en forvarmet ovn ved 190°C/375°F/gasmærke 5 i 20 minutter, indtil de er gyldenbrune. Skær i strimler.

Cookie mennesker

Gør omkring 12

100 g/4 oz/½ kop smør eller margarine, blødgjort

100 g/4 oz/½ kop strøsukker (superfint).

1 æg, pisket

225 g/8 oz/2 kopper almindeligt (all-purpose) mel

Et par ribs og glace (kandiserede) kirsebær

Pisk smør, margarine og sukker. Tilsæt ægget lidt efter lidt og pisk godt. Vend melet i med en metalske. Rul blandingen ud på en let meldrysset overflade til ca. 5 mm/¼ tykkelse. Skær personerne ud med en udstikker eller kniv, og rul emnerne igen, indtil du har brugt al dejen. Læg på en smurt bageplade og tryk ribsene ind til øjne og knapper. Skær kirsebærskiver til munden. Bag småkagerne (kiks) i en forvarmet ovn ved 190°C/375°F/gasmærke 5 i 10 minutter, indtil de er lysebrune. Lad afkøle på en rist.

Iced ingefær kage

Laver to 20 cm/8 kager

Til shortcaken:

225 g/8 oz/1 kop smør eller margarine, blødgjort

100 g/4 oz/½ kop strøsukker (superfint).

275 g/10 oz/2½ kopper almindeligt (all-purpose) mel

10 ml/2 tsk bagepulver

10 ml/2 tsk malet ingefær

Til frostingen (til frostingen):

50 g/2 oz/¼ kop smør eller margarine

15 ml/1 spsk gylden (lys majs) sirup

100 g/4 oz/2/3 kop strøsukker (til konditorer), sigtet

5 ml/1 tsk malet ingefær

For at lave kagen, pisk smør, margarine og sukker, indtil det er let og luftigt. Bland resten af sandkageingredienserne i dejen, del blandingen i to og tryk ud i to smurte 20 cm/8 sandwichforme (pander). Bages i en forvarmet ovn ved 160°C/325°F/gasmærke 3 i 40 minutter.

For at lave glasuren, smelt smør, margarine og sirup i en gryde. Tilsæt flormelis og ingefær og bland godt. Hæld over begge kager og lad afkøle, og skær derefter i skiver.

Shrewsbury kiks

Gør 24

100 g/4 oz/½ kop smør eller margarine, blødgjort

100 g/4 oz/½ kop strøsukker (superfint).

1 æggeblomme

225 g/8 oz/2 kopper almindeligt (all-purpose) mel

5 ml/1 tsk bagepulver

5 ml/1 tsk revet citronskal

Pisk smør, margarine og sukker let og luftigt. Pisk æggeblommen i lidt ad gangen, og arbejd derefter mel, bagepulver og citronskal i med hænderne, indtil blandingen er samlet. Rul ud til 5 mm/¼ tykkelse og skær i 6 cm/2¼ cirkler med en udstikker. Læg småkagerne på en godt smurt bageplade og gennembor dem med en gaffel. Bages i en forvarmet ovn ved 180°C i 15 minutter, indtil den er lys gylden.

Småkager med spanske krydderier

Gør 16

90 ml/6 spsk olivenolie

100 g/4 oz/½ kop granuleret sukker

100 g/4 oz/1 kop almindeligt (all-purpose) mel

15 ml/1 spsk bagepulver

10 ml/2 tsk stødt kanel

3 æg

Revet skal af 1 citron

30 ml/2 spsk flormelis (til konditorer), sigtet

Varm olien op i en lille pande. Bland sukker, mel, bagepulver og kanel sammen. Pisk æg og citronskal i en separat skål, indtil det er skummende. Bland de tørre ingredienser og olie til en jævn dej. Hæld dejen i en velsmurt swiss roll-form (gelérullepande) og bag den i en forvarmet ovn ved 180°C/350°F/gasmærke 4 i 30 minutter, indtil den er gylden. Vend ud, lad afkøle, skær derefter i trekanter og drys småkagerne (kiks) med flormelis.

Gammeldags krydderkager

Gør 24

75 g/3 oz/1/3 kop smør eller margarine

50 g/2 oz/¼ kop strøsukker (superfint).

45 ml/3 spsk sort sirup (melasse)

175 g/6 oz/¾ kop almindeligt (all-purpose) mel

5 ml/1 tsk stødt kanel

5ml/1 tsk stødt (æbletærte) krydderi

2,5 ml/½ tsk malet ingefær

2,5 ml/½ tsk bikarbonatsodavand (bagepulver)

Smelt smør eller margarine, sukker og sirup sammen ved svag varme. I en skål blandes mel, krydderier og bagepulver. Hæld siruppen i blandingen og rør til det er godt blandet. Blend til en blød dej og form små kugler. Fordel godt fra hinanden på en smurt bageplade og flad med en gaffel. Bag småkagerne (kiks) i en forvarmet ovn ved 180°C i 12 minutter, indtil de er faste og gyldne.

Havkiks

Gør 24

75 g/3 oz/1/3 kop smør eller margarine, blødgjort

100 g/4 oz/½ kop blødt brun farin

1 æggeblomme

30 ml/2 spsk sort sirup (melasse)

100 g/4 oz/1 kop almindeligt (all-purpose) mel

5 ml/1 tsk bicarbonat sodavand (bagepulver)

En knivspids salt

5 ml/1 tsk stødt kanel

2,5 ml/½ tsk stødt nelliker

Pisk smør, margarine og sukker let og luftigt. Pisk æggeblomme og melasse i lidt efter lidt. Bland mel, sodavand, salt og krydderier sammen og bland i blandingen. Dæk til og stil på køl.

Rul blandingen til 3 cm/1½ kugler og læg dem på en smurt bageplade. Bag småkagerne (kiks) i en forvarmet ovn ved 180°C/350°F/gasmærke 4 i 10 minutter, indtil de lige har sat sig.

sirup, abrikos og valnøddekager

Gør omkring 24

50 g/2 oz/¼ kop smør eller margarine

50 g/2 oz/¼ kop strøsukker (superfint).

50 g/2 oz/¼ kop blødt brun farin

1 æg, let pisket

2,5 ml/½ tsk bikarbonatsodavand (bagepulver)

30 ml/2 spsk varmt vand

45 ml/3 spsk sort sirup (melasse)

25 g/1 oz spiseklare tørrede abrikoser, hakket

25 g/1 oz/¼ kop hakkede blandede nødder

100 g/4 oz/1 kop almindeligt (all-purpose) mel

En knivspids salt

En knivspids malet nelliker

Pisk smør, margarine og sukker til det er lyst og luftigt. Pisk gradvist ægget i. Bland bagepulver med vand, bland med de resterende ingredienser. Læg skefulde på en bageplade med smør, og bag dem i en forvarmet ovn ved 180°C/350°F/gasmærke 4 i 10 minutter.

Sirup og kærnemælkskager

Gør 24

50 g/2 oz/¼ kop smør eller margarine, blødgjort

50 g/2 oz/¼ kop blødt brun farin

150 ml/¼ pt/2/3 kop sort sirup (melasse)

150 ml / ¼ pt / 2/3 kop kærnemælk

175 g/6 oz/1½ kopper almindeligt (all-purpose) mel

2,5 ml/½ tsk bikarbonatsodavand (bagepulver)

Flød smør, margarine og sukker til det er lyst og luftigt, og bland derefter sirup og kærnemælk i, skiftevis med mel og natron. Læg store skefulde på en bageplade med smør, og bag dem i en forvarmet ovn ved 190°C/375°F/gasmærke 5 i 10 minutter.

Sirup og kaffekager

Gør 24

60 g/2½ oz/1/3 kop spæk (afkortning)

50 g/2 oz/¼ kop blødt brun farin

75 g/3 oz/¼ kop sort sirup (melasse)

2,5 ml/½ tsk vaniljeessens (ekstrakt)

200 g/7 oz/1¾ kop almindeligt (all-purpose) mel

5 ml/1 tsk bicarbonat sodavand (bagepulver)

En knivspids salt

2,5 ml/½ tsk malet ingefær

2,5 ml/½ tsk stødt kanel

60 ml/4 spsk kold sort kaffe

Pisk spæk og sukker til det er lyst og luftigt. Rør sirup og vaniljeessens i. Bland mel, bikarbonat af sodavand, salt og krydderier sammen og pisk blandingen i på skift med kaffen. Dæk til og stil på køl i flere timer.

Rul dejen ud til 5 mm/¼ tykkelse og skær den i 5 cm/2 firkanter med en kiksefræser. Læg kiksene på en usmurt bageplade og bag dem i en forvarmet ovn ved 190°C/375°F/gasmærke 5 i 10 minutter, indtil de er faste at røre ved.

Sirup og date cookies

Gør omkring 24

50 g/2 oz/¼ kop smør eller margarine, blødgjort

50 g/2 oz/¼ kop strøsukker (superfint).

50 g/2 oz/¼ kop blødt brun farin

1 æg, let pisket

2,5 ml/½ tsk bikarbonatsodavand (bagepulver)

30 ml/2 spsk varmt vand

45 ml/3 spsk sort sirup (melasse)

25 g/1 oz/¼ kop udstenede (udstenede) dadler, hakket

100 g/4 oz/1 kop almindeligt (all-purpose) mel

En knivspids salt

En knivspids malet nelliker

Pisk smør, margarine og sukker til det er lyst og luftigt. Pisk gradvist ægget i. Bland bagepulver med vandet, og bland derefter med resten af ingredienserne. Læg skefulde på en bageplade med smør, og bag dem i en forvarmet ovn ved 180°C/350°F/gasmærke 4 i 10 minutter.

sirup og ingefær cookies

Gør 24

50 g/2 oz/¼ kop smør eller margarine, blødgjort

50 g/2 oz/¼ kop blødt brun farin

150 ml/¼ pt/2/3 kop sort sirup (melasse)

150 ml / ¼ pt / 2/3 kop kærnemælk

175 g/6 oz/1½ kopper almindeligt (all-purpose) mel

2,5 ml/½ tsk bikarbonatsodavand (bagepulver)

2,5 ml/½ tsk malet ingefær

1 æg, pisket, til glasur

Flød smør, margarine og sukker til det er lyst og luftigt, og bland derefter sirup og kærnemælk i skiftevis med mel, natron og malet ingefær. Læg store skefulde på en smurt bageplade og pensl med sammenpisket æg. Bages i en forvarmet ovn ved 190°C/375°F/gasmærke 5 i 10 minutter.

Vanilje cookies

Gør 24

150 g/5 oz/2/3 kop smør eller margarine, blødgjort

100 g/4 oz/½ kop strøsukker (superfint).

1 æg, pisket

225 g/8 oz/2 kopper selvhævende (selvhævende) mel

En knivspids salt

10 ml/2 tsk vaniljeessens (ekstrakt)

Glacé (kandiserede) kirsebær til pynt

Pisk smør, margarine og sukker let og luftigt. Pisk ægget i lidt ad gangen, bland derefter mel, salt og vaniljeessens i og bland til en dej. Ælt indtil glat. Pak ind i husholdningsfilm (plastfolie) og stil på køl i 20 minutter.

Rul dejen tyndt og skær i cirkler med en kikseudstikker. Fordel på en smurt bageplade og læg et kirsebær ovenpå hver. Bag kagerne i en forvarmet ovn ved 180°C/350°F/gasmærke 4 i 10 minutter, indtil de er gyldenbrune. Lad afkøle på bagepladen i 10 minutter, før den tages ud på en rist for at afslutte afkølingen.

Valnøddekager

Gør 36

100 g/4 oz/½ kop smør eller margarine, blødgjort

100 g/4 oz/½ kop blødt brun farin

100 g/4 oz/½ kop strøsukker (superfint).

1 stort æg, let pisket

200 g/7 oz/1¾ kop almindeligt (all-purpose) mel

5 ml/1 tsk bagepulver

2,5 ml/½ tsk bikarbonatsodavand (bagepulver)

120 ml/4 fl oz/½ kop kærnemælk

50 g/2 oz/½ kop valnødder, hakket

Pisk smør eller margarine og sukker. Pisk ægget i lidt ad gangen, og bland derefter mel, bagepulver og sodavand i skiftevis med kærnemælken. Bræk valnødderne i. Læg små skefulde på en bageplade med smør, og bag kiksene (kiksene) i en forvarmet ovn ved 190°C/375°F/gasmærke 5 i 10 minutter.

Sprøde småkager

Gør 24

25 g/1 oz frisk gær eller 40 ml/2½ spsk tørgær

450 ml/¾ pt/2 kopper varm mælk

900 g/2lbs/8 kopper stærkt almindeligt (brød) mel

175 g/6 oz/¾ kop smør eller margarine, blødgjort

30 ml/2 spsk klar honning

2 æg, pisket

Pisket æg til glasur

Bland gæren med lidt varm mælk og lad den stå et lunt sted i 20 minutter. Kom melet i en skål og gnid smør eller margarine i. Blend gærblandingen, den resterende varme mælk, honning og æg i og bland til en blød dej. Ælt på en let meldrysset overflade, indtil den er glat og elastisk. Kom i en oliesmurt skål, dæk med olieret plastfolie og lad stå et lunt sted i 1 time, indtil den er fordoblet i størrelse.

Ælt igen, form derefter til lange, flade ruller og læg dem på en smurt bageplade. Dæk til med olieret husholdningsfilm og lad det stå et lunt sted i 20 minutter.

Pensl med sammenpisket æg og bag i en forvarmet ovn ved 200°C/400°F/gasmærke 6 i 20 minutter. Lad afkøle natten over.

Skær i tynde skiver, og bag derefter igen i den forvarmede ovn ved 150°C/300°F/gasmærke 2 i 30 minutter, indtil de er sprøde og brune.

Cheddar cookies

Gør 12

50 g/2 oz/¼ kop smør eller margarine

200 g/7 oz/1¾ kop almindeligt (all-purpose) mel

15 ml/1 spsk bagepulver

En knivspids salt

50 g/2 oz/½ kop revet cheddarost

175 ml/6 fl oz/¾ kop mælk

Gnid smør eller margarine ind i mel, bagepulver og salt, indtil blandingen minder om brødkrummer. Rør osten i, og rør så nok mælk i til en blød dej. Rul ud på en let meldrysset overflade til en tykkelse på ca. 2 cm/¾ og skær i cirkler med en udstikker. Læg dem på en usmurt bageplade (kageplade) og bag kagerne (kiks) i en forvarmet ovn ved 200°C/400°F/gasmærke 6 i 15 minutter, indtil de er gyldenbrune.

Blue cheese cookies

Gør 12

50 g/2 oz/¼ kop smør eller margarine

200 g/7 oz/1¾ kop almindeligt (all-purpose) mel

15 ml/1 spsk bagepulver

50 g/2 oz/½ kop Stilton ost, revet eller smuldret

175 ml/6 fl oz/¾ kop mælk

Gnid smør eller margarine ind i mel og bagepulver, indtil blandingen ligner brødkrummer. Rør osten i, og rør så nok mælk i til en blød dej. Rul ud på en let meldrysset overflade til en tykkelse på ca. 2 cm/¾ og skær i cirkler med en udstikker. Læg dem på en usmurt bageplade (kageplade) og bag kagerne (kiks) i en forvarmet ovn ved 200°C/400°F/gasmærke 6 i 15 minutter, indtil de er gyldenbrune.

Ost og sesamkager

Gør 24

75 g/3 oz/1/3 kop smør eller margarine

75 g/3 oz/¾ kop fuldkornshvede (fuldkornshvede) mel

75 g/3 oz/¾ kop revet cheddarost

30 ml/2 spsk sesamfrø

Salt og friskkværnet sort peber

1 æg, pisket

Gnid smørret eller margarinen ind i melet, indtil blandingen minder om brødkrummer. Rør osten og halvdelen af sesamfrøene i og smag til med salt og peber. Tryk for at danne en fast dej. Rul dejen ud på en let meldrysset overflade til en tykkelse på ca. 5 mm/¼ og skær den i cirkler med en kiksefræser. Læg småkagerne (kiks) på en smurt bageplade, pensl med æg og drys med de resterende sesamfrø. Bages i en forvarmet ovn ved 190°C/375°F/gasmærke 5 i 10 minutter, indtil de er gyldne.

Oste sugerør

Gør 16

225 g/8 oz butterdej

1 æg, pisket

100 g/4 oz/1 kop cheddar eller hård ost, revet

15 ml/1 spsk revet parmesanost

Salt og friskkværnet sort peber

Rul dejen (pastaen) ud til ca. 5 mm/¼ tykkelse og pensl rigeligt med sammenpisket æg. Drys ostene ovenpå og krydr med salt og peber. Skær i strimler og drej forsigtigt strimlerne til spiraler. Placer på en fugtet bageplade og bag i en forvarmet ovn ved 220°C/425°F/gasmærke 7 i ca. 10 minutter, indtil den er hævet og gylden.

Ost og tomatkager

Gør 12

50 g/2 oz/¼ kop smør eller margarine

200 g/7 oz/1¾ kop almindeligt (all-purpose) mel

15 ml/1 spsk bagepulver

En knivspids salt

50 g/2 oz/½ kop revet cheddarost

15 ml/1 spsk tomatpuré (pasta)

150 ml / ¼ pt / 2/3 kop mælk

Gnid smør eller margarine ind i mel, bagepulver og salt, indtil blandingen minder om brødkrummer. Rør osten i, og rør derefter tomatpuré og mælk nok til at lave en blød dej. Rul ud på en let meldrysset overflade til en tykkelse på ca. 2 cm/¾ og skær i cirkler med en kiksefræser. Læg dem på en usmurt bageplade (kageplade) og bag kagerne (kiks) i en forvarmet ovn ved 200°C/400°F/gasmærke 6 i 15 minutter, indtil de er gyldenbrune.

Gedeostbid

Gør 30

2 plader frossen filodej (pasta), optøet

50 g/2 oz/¼ kop usaltet smør, smeltet

50 g/2 oz/½ kop gedeost, revet

5 ml/1 tsk Herbes de Provence

Pensl et stykke filodej med smeltet smør, læg endnu en plade ovenpå og pensl med smør. Skær i 30 lige store firkanter, læg et stykke ost på hver og drys med krydderurter. Bring hjørnerne sammen og drej for at forsegle, og pensl derefter igen med smeltet smør. Læg dem på en smurt bageplade og bag dem i en forvarmet ovn ved 180°C/350°F/gasmærke 4 i 10 minutter, indtil de er sprøde og gyldne.

Skinke og sennepsruller

Gør 16

225 g/8 oz butterdej

30 ml/2 spsk fransk sennep

100 g/4 oz/1 kop kogt skinke, skåret i tern

Salt og friskkværnet sort peber

Rul dejen (pastaen) ud til en tykkelse på ca. 5 mm/¼. Smør med sennep, drys derefter med skinke og smag til med salt og peber. Rul dejen til en lang pølseform, skær den derefter i 1 cm/½ skiver og læg den på en fugtet bageplade. Bages i en forvarmet ovn ved 220°C/425°F/gasmærke 7 i ca. 10 minutter, indtil de er hævede og gyldne.

Skinke og peberkiks

Gør 30

225 g/8 oz/2 kopper almindeligt (all-purpose) mel

15 ml/1 spsk bagepulver

5 ml/1 tsk tørret timian

5 ml/1 tsk pulveriseret sukker (super fint).

2,5 ml/½ tsk malet ingefær

En knivspids revet muskatnød

En knivspids bicarbonat sodavand (bagepulver)

Salt og friskkværnet sort peber

50 g/2 oz/¼ kop vegetabilsk fedt (afkortning)

50 g/2 oz/½ kop kogt skinke, hakket

30 ml/2 spsk finthakket grønt (peber).

175 ml/6 fl oz/¾ kop kærnemælk

Bland mel, bagepulver, timian, sukker, ingefær, muskatnød, sodavand, salt og peber sammen. Gnid med vegetabilsk olie, indtil blandingen ligner brødkrummer. Rør skinke og peber i. Tilsæt kærnemælk lidt efter lidt og bland til en blød dej. Ælt i et par sekunder på en let meldrysset overflade, indtil den er glat. Rul ud til 2 cm/¾ tykkelse og skær i cirkler med en udstikker. Læg småkagerne med afstand fra hinanden på en godt smurt bageplade og bag dem i en forvarmet ovn ved 220°C/425°F/gasmærke 7 i 12 minutter, indtil de er hævede og gyldne.

Simple urtekager

Gør 8

225 g/8 oz/2 kopper almindeligt (all-purpose) mel

15 ml/1 spsk bagepulver

5 ml/1 tsk pulveriseret sukker (super fint).

2,5 ml / ½ tsk salt

50 g/2 oz/¼ kop smør eller margarine

15 ml/1 spsk hakket frisk purløg

En knivspids paprika

Friskkværnet sort peber

45 ml/3 spsk mælk

45 ml/3 spsk vand

Bland mel, bagepulver, sukker og salt sammen. Gnid smør eller margarine i, indtil blandingen ligner brødkrummer. Bland purløg, paprika og peber i efter smag. Tilsæt mælk og vand og bland til en blød dej. Ælt på en let meldrysset overflade, indtil den er glat, rul derefter ud til 2 cm/¾ tykkelse og skær i cirkler med en udstikker. Læg kiksene (kiks) med mellemrum på en godt smurt bageplade og bag dem i en forvarmet ovn ved 200°C/400°F/gasmærke 6 i 15 minutter, indtil de er hævede og gyldne.

Indiske kiks

Serverer 4

100 g/4 oz/1 kop almindeligt (all-purpose) mel

100 g/4 oz/1 kop semulje (hvedeskorpe)

175 g/6 oz/¾ kop strøsukker (superfint).

75 g/3 oz/¾ kop gram mel

175 g/6 oz/¾ kop ghee

Bland alle ingredienserne sammen i en skål, og gnid dem derefter sammen med dine håndflader til en stiv dej. Hvis blandingen er for tør, skal du muligvis have lidt mere ghee. Form små kugler og pres dem i kikseforme. Placer på en smurt og foret bageplade og bag i en forvarmet ovn ved 150°C / 300°F / gasmærke 2 i 30-40 minutter, indtil de er let brunede. Der kan opstå fine hårgrænser ved bagning af småkager.

Sandkage med hasselnød og skaloteløg

Gør 12

75 g/3 oz/1/3 kop smør eller margarine, blødgjort

175 g/6 oz/1½ kopper fuldkornshvede (fuld hvede) mel

10 ml/2 tsk bagepulver

1 skaloteløg, finthakket

50 g/2 oz/½ kop hasselnødder, hakket

10 ml/2 tsk paprika

15 ml/1 spsk koldt vand

Gnid smør eller margarine ind i mel og bagepulver, indtil blandingen ligner brødkrummer. Rør skaloteløg, hasselnødder og paprika i. Tilsæt koldt vand og tryk til en dej. Rul ud og tryk i en 30 x 20 cm/12 x 8 svejtserrulleform (gelérullepande) og prik med en gaffel. Log ind med fingrene. Bages i en forvarmet ovn ved 200°C/400°F/gasmærke 6 i 10 minutter, indtil de er gyldne.

Laks og dild cookies

Gør 12

225 g/8 oz/2 kopper almindeligt (all-purpose) mel

5 ml/1 tsk pulveriseret sukker (super fint).

2,5 ml / ½ tsk salt

20 ml/4 tsk bagepulver

100 g/4 oz/½ kop smør eller margarine, hakket

90 ml/6 spsk vand

90 ml/6 spsk mælk

100 g/4 oz/1 kop røget laksepynt, skåret i tern

60 ml/4 spsk hakket frisk dild (tillium brohi)

Bland mel, sukker, salt og bagepulver sammen, og gnid derefter smørret med margarinen, indtil blandingen ligner brødkrummer. Tilsæt mælk og vand lidt efter lidt og bland til en blød dej. Arbejd laks og dild i og bland til det er glat. Rul til en tykkelse på 2,5 cm/1 og skær i cirkler med en udstikker. Placer kiksene (kiks) med afstand fra hinanden på en godt smurt bageplade og bag dem i en forvarmet ovn ved 220°C/425°F/gasmærke 7 i 15 minutter, indtil de er hævede og gyldne.

Sodavand cookies

Gør 12

45 ml/3 spsk spæk (afkortning)

225 g/8 oz/2 kopper almindeligt (all-purpose) mel

5 ml/1 tsk bicarbonat sodavand (bagepulver)

5 ml/1 tsk tandsten

En knivspids salt

250 ml/8 fl oz/1 kop kærnemælk

Gnid svinefedtet ind i melet, natron, flødevinsten og salt, indtil blandingen minder om brødkrummer. Tilsæt mælk og bland til en blød dej. Rul ud på en let meldrysset overflade til 1 cm/½ tykkelse og skær ud med en kiksefræser. Læg kiksene (kiksene) på en bageplade med smør og bag dem i en forvarmet ovn ved 230°C/450°F/gasmærke 8 i 10 minutter, indtil de er gyldne.

Tomat og parmesan hjul

Gør 16

225 g/8 oz butterdej

30 ml/2 spsk tomatpuré (pasta)

100 g/4 oz/1 kop parmesanost, revet

Salt og friskkværnet sort peber

Rul dejen (pastaen) ud til en tykkelse på ca. 5 mm/¼. Fordel tomatpuré ovenpå, drys med ost og smag til med salt og peber. Rul dejen til en lang pølseform, skær den derefter i 1 cm/½ skiver og læg den på en fugtet bageplade. Bages i en forvarmet ovn ved 220°C / 425°F / gasmærke 7 i ca. 10 minutter, indtil de er hævede og gyldne.

Tomat- og urtekager

Gør 12

225 g/8 oz/2 kopper almindeligt (all-purpose) mel

5 ml/1 tsk pulveriseret sukker (super fint).

2,5 ml / ½ tsk salt

40 ml/2½ spsk bagepulver

100 g/4 oz/½ kop smør eller margarine

30 ml/2 spsk mælk

30 ml/2 spsk vand

4 modne tomater, pillede, frøet og hakket

45 ml/3 spsk hakket frisk basilikum

Bland mel, sukker, salt og bagepulver sammen. Gnid smør eller margarine i, indtil blandingen ligner brødkrummer. Tilsæt mælk, vand, tomater og basilikum og bland til en blød dej. Ælt i et par sekunder på en let meldrysset overflade, rul derefter ud til en tykkelse på 2,5 cm/1 og skær i cirkler med en kiksefræser. Læg småkagerne med afstand fra hinanden på en godt smurt bageplade og bag dem i en forvarmet ovn ved 230°C/425°F/gasmærke 7 i 15 minutter, indtil de er hævede og gyldne.

Grundlæggende hvidt brød

Giver tre 450g/1lb brød

25 g/1 oz frisk gær eller 40 ml/2½ spsk tørgær

10 ml/2 tsk sukker

900 ml/1½ point/3¾ kopper varmt vand

25 g/1 oz/2 spsk spæk (afkortning)

1,5 kg/3 lbs/12 kopper stærkt almindeligt (brød) mel

15 ml / 1 spsk salt

Blend gæren med sukker og lidt varmt vand og lad den stå et lunt sted i 20 minutter til skum. Gnid spæket ind i melet og saltet, og rør derefter gærblandingen og nok resterende vand i til at lave en fast dej, der efterlader skålens sider rene. Ælt på en let meldrysset overflade eller i en foodprocessor, indtil den er elastisk og ikke længere klistret. Læg dejen i en oliesmurt skål, dæk med olieret husholdningsfilm (spiral) og lad den stå et lunt sted i ca. 1 time, indtil den er fordoblet i størrelse og er fjedrende at røre ved.

Ælt dejen igen, indtil den er fast, del den i tredjedele og læg den i smurte 450g/1lb brødforme (forme) eller form til brød efter eget valg. Dæk til og lad det hæve et lunt sted i cirka 40 minutter, indtil dejen strækker sig lidt over toppen af panderne.

Bages i en forvarmet ovn ved 230°C/450°F/gasmærke 8 i 30 minutter, indtil brødene begynder at trække sig væk fra siderne af formen og er gyldne og faste og hule, når der bankes på dem.

Bagels

Gør 12

15 g/½ oz frisk gær eller 20 ml/4 tsk tørgær

5 ml/1 tsk pulveriseret sukker (super fint).

300 ml/½ pt/1¼ kop varm mælk

50 g/2 oz/¼ kop smør eller margarine

450 g/1 lb/4 kopper stærkt almindeligt (brød) mel

En knivspids salt

1 æggeblomme

30 ml/2 spsk valmuefrø

Blend gæren med sukker og lidt varm mælk og lad den skumme et lunt sted i 20 minutter. Gnid smør eller margarine ind i mel og salt og lav en fordybning i midten. Tilsæt gærblandingen, den resterende varme mælk og æggeblommen og bland til en jævn dej. Ælt til dejen er elastisk og ikke længere klistret. Læg i en oliesmurt skål, dæk med olieret husholdningsfilm (film) og lad den stå et lunt sted i ca. 1 time, indtil den er dobbelt så stor.

Ælt dejen let, skær den derefter i 12 stykker. Rul hver til en strimmel ca. 15 cm/6 i længden og sno dem til en ring. Læg den på en smurt bageplade, dæk til og lad den hæve i 15 minutter.

Bring vandet i kog i en stor gryde, og reducer derefter varmen til at simre. Dyp ringen i kogende vand og kog i 3 minutter, vend en gang, fjern derefter og læg den på en bageplade. Fortsæt med de resterende bagels. Drys bagels med valmuefrø og bag dem i en forvarmet ovn ved 230°C/450°F/gasmærke 8 i 20 minutter, indtil de er gyldne.

Baps

Gør 12

25 g/1 oz frisk gær eller 40 ml/2½ spsk tørgær

5 ml/1 tsk pulveriseret sukker (super fint).

150 ml/¼ pt/2/3 kop varm mælk

50 g/2 oz/¼ kop spæk (afkortning)

450 g/1 lb/4 kopper stærkt almindeligt (brød) mel

5 ml / 1 tsk salt

150 ml/¼ pt/2/3 kop varmt vand

Blend gæren med sukker og lidt varm mælk og lad den skumme et lunt sted i 20 minutter. Gnid spæk ind i mel, bland derefter med salt og lav en brønd i midten. Tilsæt gærblandingen, den resterende mælk og vand og bland til en blød dej. Ælt indtil elastisk og ikke længere klistret. Kom i en oliesmurt skål og dæk med olieret plastfolie. Lad stå et lunt sted, indtil den er fordoblet i størrelse, cirka 1 time.

Form dejen til 12 flade ruller og læg dem på en smurt bageplade. Lad hæve i 15 minutter.

Bages i en forvarmet ovn ved 230°C/450°F/gasmærke 8 i 15-20 minutter, indtil den er gennemhævet og gylden.

Cremet bygbrød

Gør et 900g/2lb brød

15 g/½ oz frisk gær eller 20 ml/4 tsk tørgær

En knivspids sukker

350 ml/12 fl oz/1½ kopper varmt vand

400 g/14 oz/3½ kopper stærkt almindeligt (brød) mel

175 g/6 oz/1½ kopper bygmel

En knivspids salt

45 ml/3 spsk enkelt (let) creme

Blend gæren med sukker og lidt varmt vand og lad den stå et lunt sted i 20 minutter til skum. Bland mel og salt i en skål, tilsæt gærblanding, fløde og resten af vandet og bland til en fast dej. Ælt indtil glat og ikke længere klistret. Læg i en oliesmurt skål, dæk med olieret husholdningsfilm (film) og lad den stå et lunt sted i ca. 1 time, indtil den er dobbelt så stor.

Ælt let igen, og hæld derefter i en smurt 900g/2lb brødform, dæk til og lad den stå et lunt sted i 40 minutter, indtil dejen har hævet sig over toppen af formen.

Bag i en forvarmet ovn ved 220°C/425°F/gasmærke 7 i 10 minutter, reducer derefter ovntemperaturen til 190°C/375°F/gasmærke 5 og bag i yderligere 25 minutter, indtil de er gyldenbrune og hule . - lyder, når du trykker på basen.

Øllebrød

Gør et 900g/2lb brød

450 g/1 lb/4 kopper selvhævende (selvhævende) mel

5 ml / 1 tsk salt

350 ml/12 fl oz/1½ kop pilsner

Bland ingredienserne sammen til en jævn dej. Beklæd en smurt 900g/2lb brødform (pande), dæk til og lad hæve et lunt sted i 20 minutter. Bages i en forvarmet ovn ved 190°C/375°F/gasmærke 5 i 45 minutter, indtil den er gyldenbrun og hul, når der bankes på.

Boston Brown Bread

Giver tre 450g/1lb brød

100 g/4 oz/1 kop rugmel

100 g/4 oz/1 kop majsmel

100 g/4 oz/1 kop fuldkornsmel (fuld hvede).

5 ml/1 tsk bicarbonat sodavand (bagepulver)

5 ml / 1 tsk salt

250 g/9 oz/¾ kop sort sirup (melasse)

500 ml/16 fl oz/2 kopper kærnemælk

175 g/6 oz/1 kop rosiner

Bland de tørre ingredienser sammen, bland derefter sirup, kærnemælk og rosiner i og bland til en blød dej. Hæld blandingen i tre smurte 450 g/1 lb budding dåser, dæk med fedtfast (vokset) papir og folie og bind toppen med sejlgarn for at forsegle. Placer i en stor gryde og fyld med nok varmt vand til at komme op på siderne af skålene. Bring vandet i kog, dæk gryden med låg og lad det simre i 2½ time, tilsæt eventuelt mere kogende vand. Tag skålene af panden og lad køle lidt af. Serveres lun med smør.

Blomsterpotter af klid

Gør 3

25 g/1 oz frisk gær eller 40 ml/2½ spsk tørgær

5 ml/1 tsk sukker

600 ml/1 pt/2½ kopper lunkent vand

675 g/1½ lb/6 kopper fuldkornsmel (fuldkornshvede)

25 g/1 oz/¼ kop sojamel

5 ml / 1 tsk salt

50 g/2 oz/1 kop klid

Mælk til glasur

45 ml/3 spsk revet hvede

Du skal bruge tre rene nye 13 cm/5 lerurtepotter. Smør dem godt og bag dem i en varm ovn i 30 minutter, så de ikke revner.

Blend gæren med sukker og lidt varmt vand og lad det skumme. Bland mel, salt og klid og lav en brønd i midten. Bland den varme vand- og gærblanding i og ælt til en fast dej. Læg på en meldrysset overflade og ælt i cirka 10 minutter, indtil den er glat og elastisk. Alternativt kan du gøre dette i en foodprocessor. Kom dejen over i en ren skål, dæk med oliesmurt plastfolie og lad den hæve et lunt sted i ca. 1 time, til den er blevet dobbelt så stor.

Overfør til en meldrysset overflade og ælt igen i 10 minutter. Form tre smurte urtepotter, dæk med låg og lad hæve i 45 minutter, indtil dejen er hævet over toppen af gryderne.

Pensl dejen med mælk og drys med knust hvede. Bages i en forvarmet ovn ved 230°C/450°F/gasmærke 8 i 15 minutter. Reducer ovntemperaturen til 200°C/400°F/gasmærke 6 og bag i yderligere 30 minutter, indtil den er gennemhævet og fast. Vend ud og lad afkøle.

Smørede ruller

Gør 12

450 g/1 lb almindelig hvid brøddej

100 g/4 oz/½ kop smør eller margarine, hakket

Forbered brøddejen og lad den hæve til dobbelt størrelse og fjedrende at røre ved.

Ælt dejen igen og forarbejde med smør eller margarine. Form 12 ruller og læg dem godt fra hinanden på en smurt bageplade. Dæk til med olieret husholdningsfilm (film) og lad hæve et lunt sted i ca. 1 time, indtil det er dobbelt så stort.

Bages i en forvarmet ovn ved 230°C/450°F/gasmærke 8 i 20 minutter, indtil den er gyldenbrun og hul, når der bankes på.

Kærnemælksbrød

Giver et brød på 675 g/1½ lb

450 g/1 lb/4 kopper almindeligt (all-purpose) mel

5 ml/1 tsk tandsten

5 ml/1 tsk bicarbonat sodavand (bagepulver)

250 ml/8 fl oz/1 kop kærnemælk

Bland mel, creme af tatar og natron i en skål og lav en brønd i midten. Rør nok kærnemælk i til en blød dej. Form til en rund og læg den på en smurt bageplade. Bages i en forvarmet ovn ved 220°C/425°F/gasmærke 7 i 20 minutter, indtil de er gennemhævet og gyldenbrune.

Canadisk majsbrød

Giver et 23 cm/9 brød

150 g/5 oz/1¼ kopper almindeligt (all-purpose) mel

75 g/3 oz/¾ kop majsmel

15 ml/1 spsk bagepulver

2,5 ml / ½ tsk salt

100 g/4 oz/1/3 kop ahornsirup

100 g/4 oz/½ kop spæk (afkortning), smeltet

2 æg, pisket

Bland de tørre ingredienser sammen, bland derefter sirup, svinefedt og æg i og bland til en jævn masse. Hæld i en smurt 23 cm/9 bageform (pande) og bag i en forvarmet ovn ved 220°C/425°F/gasmærke 7 i 25 minutter, indtil den er godt hævet og gyldenbrun og begynder at krympe i siderne. af tin.

Cornish ruller

Gør 12

25 g/1 oz frisk gær eller 40 ml/2½ spsk tørgær

15 ml/1 spsk pulveriseret sukker (ultra fint).

300 ml/½ pt/1¼ kop varm mælk

50 g/2 oz/¼ kop smør eller margarine

450 g/1 lb/4 kopper stærkt almindeligt (brød) mel

En knivspids salt

Blend gæren med sukker og lidt varm mælk og lad den skumme et lunt sted i 20 minutter. Gnid smør eller margarine ind i mel og salt og lav en fordybning i midten. Tilsæt gærblandingen og resten af mælken og bland til en blød dej. Ælt indtil elastisk og ikke længere klistret. Kom i en oliesmurt skål og dæk med olieret plastfolie. Lad stå et lunt sted, indtil den er fordoblet i størrelse, cirka 1 time.

Form dejen til 12 flade ruller og læg dem på en smurt bageplade. Dæk til med olieret husholdningsfilm og lad hæve i 15 minutter.

Bages i en forvarmet ovn ved 230°C/450°F/gasmærke 8 i 15-20 minutter, indtil den er gennemhævet og gylden.

Landbrød

Laver seks små brød

10 ml/2 tsk tørgær

15 ml/1 spsk klar honning

120 ml/4 fl oz/½ kop varmt vand

350 g/12 oz/3 kopper stærkt almindeligt (brød) mel

5 ml / 1 tsk salt

50 g/2 oz/¼ kop smør eller margarine

5 ml/1 tsk spidskommen

5 ml/1 tsk stødt koriander

5ml/1 tsk stødt kardemomme

120 ml/4 fl oz/½ kop varm mælk

60 ml/4 spsk sesamfrø

Bland gær og honning med 45 ml/3 spsk varmt vand og 15 ml/1 spsk mel og lad hæve et lunt sted i ca. 20 minutter. Bland resten af melet med salt, gnid derefter smørret med margarine og bland med spidskommen, koriander og kardemomme og lav en brønd i midten. Bland gærblandingen, resten af vandet og nok mælk til at lave en jævn dej. Ælt godt, indtil det er fast og ikke længere klistret. Læg i en oliesmurt skål, dæk med olieret husholdningsfilm (film) og lad stå et lunt sted i ca. 30 minutter, indtil den er dobbelt så stor.

Ælt dejen igen, og form derefter til flade kager. Læg dem på en bageplade med smør og pensl med mælk. Drys med sesamfrø. Dæk til med olieret husholdningsfilm og lad hæve i 15 minutter.

Bages i en forvarmet ovn ved 200°C/400°F/gasmærke 6 i 30 minutter, indtil de er gyldne.

Landvalmueflet

Gør et brød på 450 g/1 lb

275 g/10 oz/2½ kopper almindeligt (all-purpose) mel

25 g/1 oz/2 spsk strøsukker (ultra fint).

5 ml / 1 tsk salt

10 ml/2 tsk let blandet tørgær

175 ml/6 fl oz/¾ kop mælk

25 g/1 oz/2 spsk smør eller margarine

1 æg

Lidt mælk eller æggehvide til glasuren

30 ml/2 spsk valmuefrø

Bland mel, sukker, salt og gær sammen. Lun mælken med smør eller margarine, bland derefter ægget med melet og ælt til en stiv dej. Ælt indtil elastisk og ikke længere klistret. Læg i en oliesmurt skål, dæk med olieret husholdningsfilm (film) og lad den stå et lunt sted i ca. 1 time, indtil den er dobbelt så stor.

Ælt igen og form til 3 pølseforme ca. 20 cm/8 i længden. Våd den ene ende af hver strimmel og pres dem sammen, flet derefter strimlerne sammen, våd og forsegl enderne. Læg dem på en smurt bageplade, dæk med oliesmurt husholdningsfilm og lad den hæve i ca. 40 minutter, indtil den er dobbelt så stor.

Pensl med mælk eller æggehvide og drys med valmuefrø. Bages i en forvarmet ovn ved 190°C/375°F/gasmærke 5 i ca. 45 minutter, indtil de er gyldenbrune.

Rustikt fuldkornsbrød

Giver to 450g/1lb brød

20 ml/4 tsk tørgær

5 ml/1 tsk pulveriseret sukker (super fint).

600 ml/1 pt/2½ kopper varmt vand

25 g/1 oz/2 spsk vegetabilsk fedt (afkortning)

800 g/1¾ lb/7 kopper fuldkornsmel

10 ml / 2 tsk salt

10 ml/2 tsk maltekstrakt

1 æg, pisket

25 g/1 oz/¼ kop revet hvede

Blend gæren med sukker og lidt varmt vand og lad det skumme i cirka 20 minutter. Gnid fedtet ind i mel, salt og maltekstrakt og lav en fordybning i midten. Tilsæt gærblandingen og resten af det varme vand og bland til en blød dej. Ælt godt, indtil det er elastisk og ikke længere klistret. Læg i en oliesmurt skål, dæk med olieret husholdningsfilm (film) og lad den stå et lunt sted i ca. 1 time, indtil den er dobbelt så stor.

Ælt dejen igen og form til to smurte 450 g/1 lb brødforme (pander). Lad hæve et lunt sted i cirka 40 minutter, til dejen hæver op over formene.

Pensl toppen af brødene rigeligt med æg og drys med revet hvede. Bages i en forvarmet ovn ved 230°C/450°F/gasmærke 8 i ca. 30 minutter, indtil den er gyldenbrun og hullydende, når der bankes på bunden.

Karry fletninger

Giver to 450g/1lb brød

120 ml/4 fl oz/½ kop varmt vand

30 ml/2 spsk tørret gær

225 g/8 oz/2/3 kop almindelig honning

25 g/1 oz/2 spsk smør eller margarine

30 ml/2 spsk karrypulver

675 g/1½ lb/6 kopper almindeligt (all-purpose) mel

10 ml / 2 tsk salt

450 ml/¾ pt/2 kopper kærnemælk

1 æg

10 ml / 2 tsk vand

45 ml/3 spsk knuste (hakkede) mandler

Bland vandet med gæren og 5 ml/1 tsk honning og lad det skumme i 20 minutter. Smelt smørret eller margarinen, rør derefter karrypulveret i og kog ved svag varme i 1 minut. Rør den resterende honning i og fjern fra varmen. Kom halvdelen af melet og saltet i en skål og lav en brønd i midten. Tilsæt gærblandingen, honningblandingen og kærnemælken og tilsæt resten af melet lidt efter lidt mens du rører til en blød dej. Ælt indtil glat og elastisk. Læg i en oliesmurt skål, dæk med olieret husholdningsfilm og lad stå et lunt sted i ca. 1 time, indtil den er dobbelt så stor.

Ælt igen og del dejen i to. Skær hvert stykke i tredjedele og rul til en 20 cm/8 pølseform. Fugt den ene ende af hver strimmel og tryk sammen i to eller tre partier for at forsegle. Flet to sæt strimler og luk enderne. Læg dem på en bageplade med smør, dæk med oliesmurt husholdningsfilm (askefilm) og lad hæve i ca. 40 minutter, indtil den er dobbelt så stor.

Pisk ægget med vand og pensl over brødene, og drys derefter med mandler. Bages i en forvarmet ovn ved 190°C/375°F/gasmærke 5 i 40 minutter, indtil den er gyldenbrun og hullydende, når der bankes på bunden.

Devon knækker

Gør 12

25 g/1 oz frisk gær eller 40 ml/2½ spsk tørgær

5 ml/1 tsk pulveriseret sukker (super fint).

150 ml/¼ pt/2/3 kop varm mælk

50 g/2 oz/¼ kop smør eller margarine

450 g/1 lb/4 kopper stærkt almindeligt (brød) mel

150 ml/¼ pt/2/3 kop varmt vand

Blend gæren med sukker og lidt varm mælk og lad den skumme et lunt sted i 20 minutter. Gnid smørret eller margarinen ind i melet og lav en fordybning i midten. Tilsæt gærblandingen, den resterende mælk og vand og bland til en blød dej. Ælt indtil elastisk og ikke længere klistret. Kom i en oliesmurt skål og dæk med olieret plastfolie. Lad stå et lunt sted, indtil den er fordoblet i størrelse, cirka 1 time.

Form dejen til 12 flade ruller og læg dem på en smurt bageplade. Lad hæve i 15 minutter.

Bages i en forvarmet ovn ved 230°C/450°F/gasmærke 8 i 15-20 minutter, indtil de er gennemhævet og gyldenbrune.

Frugtagtigt hvedekimbrød

Gør et 900g/2lb brød

225 g/8 oz/2 kopper almindeligt (all-purpose) mel

5 ml / 1 tsk salt

5 ml/1 tsk bicarbonat sodavand (bagepulver)

5 ml/1 tsk bagepulver

175 g/6 oz/1½ kopper hvedekim

100 g/4 oz/1 kop majsmel

100 g/4 oz/1 kop havregryn

350 g/12 oz/2 kopper sultanas (gyldne rosiner)

1 æg, let pisket

250 ml/8 fl oz/1 kop almindelig yoghurt

150 ml/¼ pt/2/3 kop sort sirup (melasse)

60 ml/4 spsk gylden (lys majs) sirup

30 ml/2 spsk olie

Bland de tørre ingredienser og sultanas sammen og lav en brønd i midten. Bland æg, yoghurt, sirup, sirup og olie sammen, bland derefter i de tørre ingredienser og bland til en blød dej. Form til en smurt 900g/2lb-brødform og bag i en forvarmet ovn ved 180°C/350°F/gasmærke 4 i 1 time, indtil den er fast at røre ved. Lad den køle af i gryden i 10 minutter, før den tages ud på en rist for at afslutte afkølingen.

Frugtige mælkefletninger

Giver to 450g/1lb brød

15 g/½ oz frisk gær eller 20 ml/4 tsk tørgær

5 ml/1 tsk pulveriseret sukker (super fint).

450 ml/¾ pt/2 kopper varm mælk

50 g/2 oz/¼ kop smør eller margarine

675 g/1½ lb/6 kopper almindeligt (all-purpose) mel

En knivspids salt

100 g/4 oz/2/3 kop rosiner

25 g/1 oz/3 spsk rosiner

25 g/1 oz/3 spsk hakket blandet (sødet) fløde

Mælk til glasur

Blend gær med sukker og lidt varm mælk. Lad stå et lunt sted i cirka 20 minutter, indtil det er skummende. Gnid smør eller margarine ind i mel og salt, bland rosiner, ribs og blandet fløde i og lav en fordybning i midten. Rør den resterende varme mælk og gærblanding i og ælt til en blød, men ikke klistret dej. Kom i en oliesmurt skål og dæk med olieret plastfolie. Lad stå et lunt sted, indtil den er fordoblet i størrelse, cirka 1 time.

Ælt let igen, og del derefter i to. Del hver side i tre og rul til en pølseform. Fugt den ene ende af hver rulle og tryk forsigtigt de tre sammen, flet derefter dejen, fugt og forsegl enderne. Gentag med den anden dejfletning. Læg den på en smurt bageplade, dæk med olieret madfilm (film) og lad den hæve i ca. 15 minutter.

Pensl med lidt mælk, og bag derefter i en forvarmet ovn ved 200°C/400°F/gasmærke 6 i 30 minutter, indtil den er gylden og hul, når der bankes på bunden.

Ladebrød

Giver to 900g/2lb brød

25 g/1 oz frisk gær eller 40 ml/2½ spsk tørgær

5 ml/1 tsk honning

450 ml/¾ pt/2 kopper varmt vand

350 g/12 oz/3 kopper all-purpose mel

350 g/12 oz/3 kopper fuldkornsmel (fuldkornshvede)

15 ml / 1 spsk salt

15 g/½ oz/1 spsk smør eller margarine

Blend gæren med honning og lidt varmt vand og lad den stå et lunt sted i cirka 20 minutter, indtil den skummer. Bland mel og salt og gnid smør eller margarine i. Blend gærblandingen og nok varmt vand til at lave en jævn dej. Ælt på en let meldrysset overflade, indtil den er glat og ikke længere klistret. Læg i en oliesmurt skål, dæk med olieret husholdningsfilm (film) og lad den stå et lunt sted i ca. 1 time, indtil den er dobbelt så stor.

Ælt igen og form til to smurte 900g/2lb brødforme (pander). Dæk med oliesmurt husholdningsfilm og lad hæve til dejen når toppen af formene.

Bages i en forvarmet ovn ved 220°C/425°F/gasmærke 7 i 25 minutter, indtil den er gyldenbrun og hul, når der bankes på.

Laderuller

Gør 12

15 g/½ oz frisk gær eller 20 ml/2½ spsk tørgær

5 ml/1 tsk pulveriseret sukker (super fint).

300 ml/½ pt/1¼ kop varmt vand

450 g/1 lb/4 kopper universalmel

5 ml / 1 tsk salt

5 ml/1 spsk maltekstrakt

30 ml/2 spsk revet hvede

Blend gær med sukker og lidt varmt vand og lad det skumme et lunt sted. Bland mel og salt sammen, og bland derefter gærblandingen, det resterende varmt vand og maltekstrakt i. Ælt på en let meldrysset overflade, indtil den er glat og elastisk. Læg i en oliesmurt skål, dæk med olieret husholdningsfilm (film) og lad den stå et lunt sted i ca. 1 time, indtil den er dobbelt så stor.

Ælt let, form derefter til ruller og læg dem på en bageplade med smør. Pensl med vand og drys med revnet hvede. Dæk med oliesmurt husholdningsfilm og lad stå et lunt sted i cirka 40 minutter, indtil den er dobbelt så stor.

Bages i en forvarmet ovn ved 220°C/425°F/gasmærke 7 i 10-15 minutter, indtil det lyder hult, når der bankes på bunden.

Ladebrød med hasselnødder

Gør et 900g/2lb brød

15 g/½ oz frisk gær eller 20 ml/4 tsk tørgær

5 ml/1 tsk blødt brun farin

450 ml/¾ pt/2 kopper varmt vand

450 g/1 lb/4 kopper universalmel

175 g/6 oz/1½ kopper stærkt almindeligt (brød) mel

5 ml / 1 tsk salt

15 ml/1 spsk olivenolie

100 g/4 oz/1 kop hasselnødder, groft hakket

Blend gæren med sukker og lidt varmt vand og lad den stå et lunt sted i 20 minutter til skum. Bland mel og salt sammen i en skål, tilsæt gærblanding, olie og resten af det varme vand og bland til en fast dej. Ælt indtil glat og ikke længere klistret. Læg i en oliesmurt skål, dæk med olieret husholdningsfilm (film) og lad den stå et lunt sted i ca. 1 time, indtil den er dobbelt så stor.

Ælt let igen og smid nødderne i, hæld derefter i en smurt 900g/2lb brødform (pande), dæk med oliesmurt husholdningsfilm og lad det stå et lunt sted i 30 minutter, indtil dejen har hævet sig over toppen af formen.

Bages i en forvarmet ovn ved 220°C/425°F/gasmærke 7 i 30 minutter, indtil den er gyldenbrun og hullydende, når der bankes på bunden.

Grissini

Gør 12

25 g/1 oz frisk gær eller 40 ml/2½ spsk tørgær

15 ml/1 spsk pulveriseret sukker (ultra fint).

120 ml/4 fl oz/½ kop varm mælk

25 g/1 oz/2 spsk smør eller margarine

450 g/1 lb/4 kopper stærkt almindeligt (brød) mel

10 ml / 2 tsk salt

Blend gæren med 5 ml/1 tsk sukker og lidt varm mælk og lad den skumme et lunt sted i 20 minutter. Smelt smørret og det resterende sukker i den resterende varme mælk. Kom mel og salt i en skål og lav en brønd i midten. Hæld gær- og mælkeblandingen i og bland til en jævn dej. Ælt indtil glat. Læg i en oliesmurt skål, dæk med olieret husholdningsfilm (film) og lad den stå et lunt sted i ca. 1 time, indtil den er dobbelt så stor.

Ælt let, del i 12 dele og rul til lange tynde stave og læg dem på en smurt bageplade. Dæk til med olieret husholdningsfilm og lad hæve et lunt sted i 20 minutter.

Pensl brødstængerne med vand, bag dem i en forvarmet ovn ved 220°C/425°F/ gasmærke 7 i 10 minutter, reducer derefter ovntemperaturen til 180°C/350°F/gasmærke 4 og bag i 10 minutter . yderligere 20 minutter, indtil de er sprøde.

Høst fletning

Giver et brød på 550 g/1¼lb

25 g/1 oz frisk gær eller 40 ml/2½ spsk tørgær

25 g/1 oz/2 spsk strøsukker (ultra fint).

150 ml/¼ pt/2/3 kop varm mælk

50 g/2 oz/¼ kop smør eller margarine, smeltet

1 æg, pisket

450 g/1 lb/4 kopper almindeligt (all-purpose) mel

En knivspids salt

30 ml/2 spsk ribs

2,5 ml/½ tsk stødt kanel

5 ml/1 tsk revet citronskal

Mælk til glasur

Blend gæren med 2,5 ml/½ tsk sukker og lidt varm mælk og lad den skumme et lunt sted i ca. 20 minutter. Bland resten af mælken med smør eller margarine og lad det køle lidt af. Bland ægget i. Kom resten af ingredienserne i en skål og lav en fordybning i midten. Rør mælk og gærblandinger i og bland til en blød dej. Ælt indtil elastisk og ikke længere klistret. Kom i en oliesmurt skål og dæk med olieret plastfolie. Lad stå et lunt sted, indtil den er fordoblet i størrelse, cirka 1 time.

Del dejen i tre og rul til strimler. Fugt den ene ende af hver strimmel og forsegl enderne, flet dem derefter sammen og våd og fastgør de andre ender. Læg på en smurt bageplade, dæk med oliesmurt husholdningsfilm og lad stå et lunt sted i 15 minutter.

Pensl med lidt mælk og bag i en forvarmet ovn ved 220°C/425°F/gasmærke 7 i 15-20 minutter, indtil den er gyldenbrun og hul, når der bankes på bunden.

Mælkebrød

Giver to 450g/1lb brød

15 g/½ oz frisk gær eller 20 ml/4 tsk tørgær

5 ml/1 tsk pulveriseret sukker (super fint).

450 ml/¾ pt/2 kopper varm mælk

50 g/2 oz/¼ kop smør eller margarine

675 g/1½ lb/6 kopper almindeligt (all-purpose) mel

En knivspids salt

Mælk til glasur

Blend gær med sukker og lidt varm mælk. Lad stå et lunt sted i cirka 20 minutter, indtil det er skummende. Gnid smør eller margarine ind i mel og salt og lav en fordybning i midten. Rør den resterende varme mælk og gærblanding i og ælt til en blød, men ikke klistret dej. Kom i en oliesmurt skål og dæk med olieret plastfolie. Lad stå et lunt sted, indtil den er fordoblet i størrelse, cirka 1 time.

Ælt let igen, og fordel derefter blandingen mellem to smurte 450g/1lb brødforme (pander), dæk med olieret husholdningsfilm og lad hæve i ca. 15 minutter, indtil dejen hæver lidt over toppen af formene.

Pensl med lidt mælk, og bag derefter i en forvarmet ovn ved 200°C/400°F/gasmærke 6 i 30 minutter, indtil den er gylden og hul, når der bankes på bunden.

Mælk og frugtbrød

Giver to 450g/1lb brød

15 g/½ oz frisk gær eller 20 ml/4 tsk tørgær

5 ml/1 tsk pulveriseret sukker (super fint).

450 ml/¾ pt/2 kopper varm mælk

50 g/2 oz/¼ kop smør eller margarine

675 g/1½ lb/6 kopper almindeligt (all-purpose) mel

En knivspids salt

100 g/4 oz/2/3 kop rosiner

Mælk til glasur

Blend gær med sukker og lidt varm mælk. Lad stå et lunt sted i cirka 20 minutter, indtil det er skummende. Gnid smør eller margarine ind i mel og salt, bland rosinerne i og lav en fordybning i midten. Rør den resterende varme mælk og gærblanding i og ælt til en blød, men ikke klistret dej. Kom i en oliesmurt skål og dæk med olieret plastfolie. Lad stå et lunt sted, indtil den er fordoblet i størrelse, cirka 1 time.

Ælt let igen, og fordel derefter blandingen mellem to smurte 450g/1lb brødforme (pander), dæk med olieret husholdningsfilm og lad hæve i ca. 15 minutter, indtil dejen hæver lidt over toppen af formene.

Pensl med lidt mælk, og bag derefter i en forvarmet ovn ved 200°C/400°F/gasmærke 6 i 30 minutter, indtil den er gylden og hul, når der bankes på bunden.

Morning Glory Brød

Giver to 450g/1lb brød

100 g/4 oz/1 kop fuldkornshvede

15 ml/1 spsk maltekstrakt

450 ml/¾ pt/2 kopper varmt vand

25 g/1 oz frisk gær eller 40 ml/2½ spsk tørgær

30 ml/2 spsk klar honning

25 g/1 oz/2 spsk vegetabilsk fedt (afkortning)

675 g/1½ lb/6 kopper fuldkornsmel (fuldkornshvede)

25 g/1 oz/¼ kop pulveriseret mælk (fedtfri tørmælk)

5 ml / 1 tsk salt

Læg fuldkorn og maltekstrakt i blød natten over i varmt vand.

Blend gæren med lidt mere varmt vand og 5 ml/1 tsk honning. Lad stå et lunt sted i cirka 20 minutter, indtil det skummer. Gnid fedtet ind i mel, mælkepulver og salt og lav en fordybning i midten. Bland gærblandingen, resten af honning- og hvedeblandingen i og bland til en dej. Ælt godt, indtil det er glat og ikke længere klistret. Læg i en oliesmurt skål, dæk med olieret husholdningsfilm (film) og lad den stå et lunt sted i ca. 1 time, indtil den er dobbelt så stor.

Ælt dejen igen, og beklæd derefter to smurte 450 g/1 lb brødforme (pander). Dæk med oliesmurt husholdningsfilm og lad hvile et lunt sted i 40 minutter, indtil dejen strækker sig lidt over toppen af formene.

Bages i en forvarmet ovn ved 200°C i cirka 25 minutter, til de er gennemhævede og hule, når der bankes i bunden.

Muffin brød

Giver to 900g/2lb brød

300 g/10 oz/2½ kopper fuldkornsmel (fuldkornshvede)

300 g/10 oz/2½ kopper almindeligt (all-purpose) mel

40 ml/2½ spsk tørret gær

15 ml/1 spsk pulveriseret sukker (ultra fint).

10 ml / 2 tsk salt

500 ml/17 fl oz/2¼ kopper lunken mælk

2,5 ml/½ tsk bikarbonatsodavand (bagepulver)

15 ml/1 spsk varmt vand

Bland melet sammen. Mål 350 g/12 oz/3 kopper blandet mel i en skål og bland gær, sukker og salt i. Rør mælken i og pisk til den er stiv. Bland natron og vand sammen og bland i dejen med resten af melet. Fordel blandingen mellem to smørsmurte 900g/2lb brødforme (pander), dæk til og lad hæve indtil fordoblet størrelse, cirka 1 time.

Bages i en forvarmet ovn ved 190°C/375°F/gasmærke 5 i 1¼ time, indtil de er gennemhævet og gyldenbrune.

Usyret brød

Gør et 900g/2lb brød

450 g/1 lb/4 kopper fuldkornsmel (fuld hvede).

175 g/6 oz/1½ kopper selvhævende (selvhævende) mel

5 ml / 1 tsk salt

30 ml/2 spsk flormelis (ultra fint).

450 ml / ¾ pt / 2 kopper mælk

20 ml/4 tsk eddike

30 ml/2 spsk olie

5 ml/1 tsk bicarbonat sodavand (bagepulver)

Bland mel, salt og sukker sammen og lav en fordybning i midten. Pisk mælk, eddike, olie og sodavand sammen, hæld i de tørre ingredienser og blend til en jævn dej. Form til en smurt 900g/2lb-brødform og bag i en forvarmet ovn ved 180°C/350°F/gasmærke 4 i 1 time, indtil den er gyldenbrun og hul, når der bankes på.

Pizzadej

I pizzaer er 23 cm/9 nok til to

15 g/½ oz frisk gær eller 20 ml/4 tsk tørgær

En knivspids sukker

250 ml/8 fl oz/1 kop varmt vand

350 g/12 oz/3 kopper almindeligt (all-purpose) mel

En knivspids salt

30 ml/2 spsk olivenolie

Blend gæren med sukker og lidt varmt vand og lad den stå et lunt sted i 20 minutter til skum. Bland melet med salt og olivenolie og ælt til det er glat og ikke længere klistret. Kom i en oliesmurt skål, dæk med olieret plastfolie og lad stå et lunt sted i 1 time, indtil den er fordoblet i størrelse. Ælt igen og form efter behov.

Havregryn Cob

Gør et brød på 450 g/1 lb

25 g/1 oz frisk gær eller 40 ml/2½ spsk tørgær

5 ml/1 tsk pulveriseret sukker (super fint).

150 ml/¼ pt/2/3 kop lunken mælk

150 ml/¼ pt/2/3 kop lunkent vand

400 g/14 oz/3½ kopper stærkt almindeligt (brød) mel

5 ml / 1 tsk salt

25 g/1 oz/2 spsk smør eller margarine

100 g/4 oz/1 kop medium valset havre

Blend gær og sukker med mælk og vand og lad det skumme et lunt sted. Bland mel og salt sammen, gnid derefter smør eller margarine i og bland havregrynene i. Lav en brønd i midten, hæld gærblandingen i og bland til en blød dej. Vend ud på en meldrysset overflade og ælt i 10 minutter, indtil den er glat og elastisk. Læg den i en oliesmurt skål, dæk med olieret plastfolie (film) og lad den hæve et lunt sted i ca. 1 time, indtil den er dobbelt så stor.

Ælt dejen igen, og form den derefter til den brødform du kan lide. Læg dem på en smurt bageplade, pensl med lidt vand, dæk med olieret husholdningsfilm og lad det stå et lunt sted i cirka 40 minutter, indtil det er dobbelt så stort.

Bages i en forvarmet ovn ved 230°C/450°F/gasmærke 8 i 25 minutter, indtil den er gennemhævet og gyldenbrun og lyder hul, når der bankes på.

Havregryn Farl

Gør 4

25 g/1 oz frisk gær eller 40 ml/2½ spsk tørgær

5 ml/1 tsk honning

300 ml/½ pt/1¼ kop varmt vand

450 g/1 lb/4 kopper stærkt almindeligt (brød) mel

50 g/2 oz/½ kop medium valset havre

2,5 ml/½ tsk bagepulver

En knivspids salt

25 g/1 oz/2 spsk smør eller margarine

Blend gæren med honning og lidt varmt vand og lad den stå et lunt sted i 20 minutter til den skummer.

Bland mel, havregryn, bagepulver og salt sammen og gnid smør eller margarine i. Tilsæt gærblandingen og resten af det varme vand og bland til en medium blød dej. Ælt indtil elastisk og ikke længere klistret. Læg i en oliesmurt skål, dæk med olieret husholdningsfilm (film) og lad den stå et lunt sted i ca. 1 time, indtil den er dobbelt så stor.

Ælt let igen og form til en cirkel ca. 3 cm/1¼ tyk. Skær i kvarte og læg lidt fra hinanden, men stadig i deres oprindelige runde form, på en smurt bageplade. Dæk til med olieret husholdningsfilm og lad hæve i cirka 30 minutter, indtil den er dobbelt så stor.

Bages i en forvarmet ovn ved 200°C/400°F/gasmærke 6 i 30 minutter, indtil den er gyldenbrun og hul, når der bankes på.

Pitta brød

Gør 6

15 g/½ oz frisk gær eller 20 ml/4 tsk tørgær

5 ml/1 tsk pulveriseret sukker (super fint).

300 ml/½ pt/1¼ kop varmt vand

450 g/1 lb/4 kopper stærkt almindeligt (brød) mel

5 ml / 1 tsk salt

Bland gær, sukker og lidt varmt vand og lad det hæve et lunt sted i 20 minutter. Bland gærblandingen og det resterende varme vand i mel og salt og bland til en stiv dej. Ælt indtil glat og elastisk. Læg i en oliesmurt skål, dæk med olieret husholdningsfilm (film) og lad den stå et lunt sted i ca. 1 time, indtil den er dobbelt så stor.

Ælt igen og del i seks stykker. Rul til ovale ca. 5 mm/¼ tykke og læg dem på en smurt bageplade. Dæk med oliesmurt husholdningsfilm og lad hæve i 40 minutter, indtil den er dobbelt så stor.

Bages i en forvarmet ovn ved 230°C / 450°F / gasmærke 8 i 10 minutter, indtil de er let gyldne.

Hurtigt brunt brød

Giver to 450g/1lb brød

15 g/½ oz frisk gær eller 20 ml/4 tsk tørgær

300 ml/½ pt/1¼ kop varm mælk og vand blandet

15 ml/1 spsk sort sirup (melasse)

225 g/8 oz/2 kopper fuld hvede (fuld hvede) mel

225 g/8 oz/2 kopper almindeligt (all-purpose) mel

10 ml / 2 tsk salt

25 g/1 oz/2 spsk smør eller margarine

15 ml/1 spsk stødt hvede

Blend gæren med lidt varm mælk og vand og sirup og lad den skumme et lunt sted. Bland mel og salt og gnid smør eller margarine i. Lav en brønd i midten og hæld gærblandingen i, bland til en jævn dej. Læg på en meldrysset overflade og ælt i 10 minutter, indtil den er glat og elastisk, eller forarbejd i en foodprocessor. Form til to brød og læg dem i smurte og forede 450 g/1 lb brødforme (pander). Pensl toppen med vand og drys med revnet hvede. Dæk til med olieret husholdningsfilm (film) og lad det stå et lunt sted i ca. 1 time, indtil det er dobbelt så stort.

Bages i en forvarmet ovn ved 240°C/475°F/gasmærke 8 i 40 minutter, indtil brødene lyder hule, når der bankes på bunden.

Fugtigt risbrød

Gør et 900g/2lb brød

75 g/3 oz/1/3 kop langkornet ris

15 g/½ oz frisk gær eller 20 ml/4 tsk tørgær

En knivspids sukker

250 ml/8 fl oz/1 kop varmt vand

550 g/1¼ lb/5 kopper stærkt almindeligt (brød) mel

2,5 ml / ½ tsk salt

Mål risene i kopper og hæld derefter i gryden. Tilsæt tre gange mere koldt vand, bring det i kog, læg låg på og lad det simre i cirka 20 minutter, indtil vandet er absorberet. Blend imens gæren med sukker og lidt varmt vand og lad den stå et lunt sted i 20 minutter, indtil den skummer.

Kom mel og salt i en skål og lav en brønd i midten. Blend gærblandingen og varme ris i og bland til en blød dej. Læg i en oliesmurt skål, dæk med olieret husholdningsfilm (film) og lad den stå et lunt sted i ca. 1 time, indtil den er dobbelt så stor.

Ælt let, tilsæt lidt mere mel, hvis dejen er for blød til at arbejde med, og form til en smurt 900g/2lb brødform (pande). Dæk med oliesmurt husholdningsfilm og lad stå et lunt sted i 30 minutter, indtil dejen har hævet sig over toppen af formen.

Bag i en forvarmet ovn ved 230°C/450°F/gasmærke 8 i 10 minutter, reducer derefter ovntemperaturen til 200°C/400°F/gasmærke 6 og bag i yderligere 25 minutter, indtil de er gyldenbrune og hule . - lyder, når du trykker på basen.

Ris- og mandelbrød

Gør et 900g/2lb brød

175 g/6 oz/¾ kop smør eller margarine, blødgjort

175 g/6 oz/¾ kop strøsukker (superfint).

3 æg, let pisket

100 g/4 oz/1 kop stærkt almindeligt (brød) mel

5 ml/1 tsk bagepulver

En knivspids salt

100 g/4 oz/1 kop malet ris

50 g/2 oz/½ kop malede mandler

15 ml/1 spsk varmt vand

Pisk smør, margarine og sukker let og luftigt. Pisk gradvist æggene i, og bland derefter de tørre ingredienser og vand til en jævn dej. Form til en smurt 900g/2lb-brødform og bag i en forvarmet ovn ved 180°C/350°F/gasmærke 4 i 1 time, indtil den er gyldenbrun og hul, når der bankes på.

Sprøde småkager

Gør 24

675 g/1½ lb/6 kopper almindeligt (all-purpose) mel

15 ml/1 spsk tandsten

10 ml / 2 tsk salt

400 g/14 oz/1¾ kop strøsukker (superfint).

250 g/9 oz/art 1 kop smør eller margarine

10 ml/2 tsk bicarbonat sodavand (bagepulver)

250 ml/8 fl oz/1 kop kærnemælk

1 æg

Bland mel, fløde af vinsten og salt sammen. Rør sukkeret i. Gnid smør eller margarine i, indtil blandingen ligner brødkrummer, og lav en brønd i midten. Bland bikarbonaten af sodavand med lidt kærnemælk og bland ægget i resten af kærnemælken. Reserver 30 ml/2 spsk af æggeblandingen til glasering af kiksene. Bland de resterende tørre ingredienser med natronblandingen og blend til en stiv dej. Del dejen i seks lige store dele og form pølser. Flad let og skær hver i seks stykker. Fordel på en smurt bageplade og pensl med den reserverede æggeblanding. Bages i en forvarmet ovn ved 200°C/400°F/gasmærke 6 i 30 minutter, indtil de er gyldenbrune.

rugbrød

Giver to 450g/1lb brød

25 g/1 oz frisk gær eller 40 ml/2½ spsk tørgær

15 ml/1 spsk blødt brun farin

300 ml/½ pt/1¼ kop varmt vand

450 g/1 lb/4 kopper rugmel

225 g/8 oz/2 kopper stærkt (brød) mel

5 ml / 1 tsk salt

5 ml/1 tsk spidskommen

150 ml/¼ pt/2/3 kop varm mælk

Blend gær med sukker og lidt varmt vand og lad det skumme et lunt sted. Bland mel, salt og spidskommen sammen og lav en fordybning i midten. Bland gærblandingen, mælk og det resterende vand i og bland til en fast dej. Vend ud på en meldrysset overflade og ælt i 8 minutter, indtil glat og elastisk, eller forarbejde i en foodprocessor. Læg i en oliesmurt skål, dæk med olieret husholdningsfilm (film) og lad den stå et lunt sted i ca. 1 time, indtil den er dobbelt så stor. Ælt igen, form til to brød og læg dem på en smurt bageplade. Dæk til med olieret husholdningsfilm og lad hæve i 30 minutter.

Bages i en forvarmet ovn ved 220 °C / 425 °F / gasmærke 7 i 15 minutter, og reducer derefter ovntemperaturen til 190 °C / 375 °F / gasmærke 5 i yderligere 25 minutter, indtil brødene lyder hule, når tappet. på grundlag af

Bee klon ring

Giver en 20 cm/8 ring

Til dejen:

100 g/4 oz/½ kop smør eller margarine

350 g/12 oz/3 kopper selvhævende (selvhævende) mel

En knivspids salt

1 æg

150 ml / ¼ pt / 2/3 kop mælk

Til fyldet:

100 g/4 oz/½ kop smør eller margarine, blødgjort

60 ml/4 spsk klar honning

15 ml/1 spsk demerara sukker

For at lave dejen skal du gnide smør eller margarine ind i melet og saltet, indtil blandingen ligner brødkrummer. Pisk æg og mælk, og bland derefter i melblandingen nok til at lave en blød dej. Rul ud på en let meldrysset overflade til en 30 cm/12 firkant.

Fløde smør, margarine og honning til fyldet. Reserver 15 ml/1 spsk af blandingen og fordel ud over resten af dejen. Rul sammen som en gelérulle, og skær derefter i otte skiver. Læg skiverne i en smurt 20 cm/8 kagedåse, syv rundt om kanten og en i midten. Pensl med den reserverede honningblanding og drys med sukker. Bag sconen (kiks) i en forvarmet ovn ved 190°C/375°F/gasmærke 5 i 30 minutter, indtil den er gyldenbrun. Lad den køle af i gryden i 10 minutter, før den tages ud på en rist for at afslutte afkølingen.

Müslikugler

Giver 8 kiler

100 g/4 oz/1 kop müsli

150 ml / ¼ pt / 2/3 kop vand

50 g/2 oz/¼ kop smør eller margarine

100 g/4 oz/1 kop almindelig (all-purpose) eller fuld hvede (fuld hvede)

10 ml/2 tsk bagepulver

50 g/2 oz/1/3 kop rosiner

1 æg, pisket

Læg müslien i blød i vand i 30 minutter. Gnid smørret eller margarinen ind i melet og bagepulveret, indtil blandingen minder om brødkrummer, rør derefter rosiner og udblødt müsli i og bland til en blød dej. Form til en 20 cm/8 rund og flad bageplade med smør. Skær delvist i otte dele og pensl med sammenpisket æg. Bages i en forvarmet ovn ved 230°C/450°F/gasmærke 8 i ca. 20 minutter, indtil de er gyldne.

Orange og Rosin Scones

Gør 12

50 g/2 oz/¼ kop smør eller margarine

225 g/8 oz/2 kopper almindeligt (all-purpose) mel

2,5 ml/½ tsk bikarbonatsodavand (bagepulver)

100 g/4 oz/2/3 kop rosiner

5 ml/1 tsk revet appelsinskal

60 ml/4 spsk appelsinjuice

60 ml/4 spsk mælk

Mælk til glasur

Gnid smørret eller margarinen ind i melet og bagepulveret, og rør derefter rosiner og appelsinskal i. Forbered med appelsinjuice og mælk til en blød dej. Rul ud på en let meldrysset overflade til en tykkelse på ca. 2,5 cm og skær i cirkler med en kiksefræser. Læg scones (cookies) på en smurt bageplade og pensl med mælk. Bages i en forvarmet ovn ved 200°C/400°F/gasmærke 6 i 15 minutter, indtil de er let brunede.

Pærestykker

Gør 12

50 g/2 oz/¼ kop smør eller margarine

225 g/8 oz/2 kopper selvhævende (selvhævende) mel

25 g/1 oz/2 spsk strøsukker (ultra fint).

1 hård pære, skrællet, udkernet og hakket

150 ml/¼ pt/2/3 kop almindelig yoghurt

30 ml/2 spsk mælk

Gnid smørret eller margarinen ind i melet. Bland sukker og pære i, blend derefter med yoghurt til en blød dej, tilsæt eventuelt lidt mælk. Rul ud på en let meldrysset overflade til en tykkelse på ca. 2,5 cm og skær i cirkler med en kiksefræser. Læg scones (cookies) på en bageplade med smør og bag i en forvarmet ovn ved 230°C i 10-15 minutter, indtil de er gennemhævede og gyldne.

Kartoffelstykker

Gør 12

50 g/2 oz/¼ kop smør eller margarine

225 g/8 oz/2 kopper selvhævende (selvhævende) mel

En knivspids salt

175 g/6 oz/¾ kop kogt kartoffelmos

60 ml/4 spsk mælk

Gnid smørret eller margarinen ind i melet og saltet. Bland kartoffelmos og nok mælk i til en blød dej. Rul ud på en let meldrysset overflade til en tykkelse på ca. 2,5 cm og skær i cirkler med en kiksefræser. Læg scones (cookies) på en let smurt bageplade og bag dem i en forvarmet ovn ved 200°C/400°F/gasmærke 6 i 15-20 minutter, indtil de er let gyldne.

Rosin scones

Gør 12

75 g/3 oz/½ kop rosiner

225 g/8 oz/2 kopper almindeligt (all-purpose) mel

2,5 ml / ½ tsk salt

15 ml/1 spsk bagepulver

25 g/1 oz/2 spsk strøsukker (ultra fint).

50 g/2 oz/¼ kop smør eller margarine

120 ml/4 fl oz/½ kop enkelt (let) creme

1 æg, pisket

Læg rosiner i blød i varmt vand i 30 minutter, og dræn derefter. Bland de tørre ingredienser sammen, og gnid derefter smør eller margarine i. Bland fløde og æg i til en blød dej. Del dem i tre kugler, rul dem til ca. 1 cm/½ tykkelse og læg dem på en bageplade med smør. Skær hver i kvarte. Bag scones (kagerne) i en forvarmet ovn ved 230°C/450°F/gasmærke 8 i ca. 10 minutter, indtil de er gyldenbrune.

Sirup pletter

Gør 10

225 g/8 oz/2 kopper almindeligt (all-purpose) mel

10 ml/2 tsk bagepulver

2,5 ml/½ tsk stødt kanel

50 g/2 oz/¼ kop smør eller margarine, hakket

25 g/1 oz/2 spsk strøsukker (ultra fint).

30 ml/2 spsk sort sirup (melasse)

150 ml / ¼ pt / 2/3 kop mælk

Bland mel, bagepulver og kanel sammen. Gnid smør eller margarine i, bland derefter sukker, sirup og nok mælk til at lave en blød dej. Rul ud til 1 cm/½ tykkelse og skær i 5 cm/2 firkanter med en udstikker. Læg scones (kagerne) på en bageplade med smør og bag dem i en forvarmet ovn ved 220°C/425°F/gasmærke 7 i 10-15 minutter, indtil de er gennemhævede og gyldenbrune.

Sirup og ingefær stykker

Gør 12

400 g/14 oz/3½ kopper almindeligt (all-purpose) mel

50 g/2 oz/½ kop rismel

5 ml/1 tsk bicarbonat sodavand (bagepulver)

2,5 ml/½ tsk tandsten

10 ml/2 tsk malet ingefær

2,5 ml / ½ tsk salt

10 ml/2 tsk rørsukker (ultra fint).

50 g/2 oz/¼ kop smør eller margarine

30 ml/2 spsk sort sirup (melasse)

300 ml/½ pt/1¼ kop mælk

Bland de tørre ingredienser sammen. Gnid smør eller margarine i, indtil blandingen ligner brødkrummer. Bland siruppen og nok mælk i til en blød, men ikke klistret dej. Ælt forsigtigt på en meldrysset overflade, rul ud og skær i cirkler med en 7,5 cm/3 udstikker. Læg scones (cookies) på en smurt bageplade og pensl med resten af mælken. Bages i en forvarmet ovn ved 220°C/425°F/gasmærke 7 i 15 minutter, indtil de er hævet og gyldenbrune.

Sultana scones

Gør 12

225 g/8 oz/2 kopper almindeligt (all-purpose) mel

En knivspids salt

2,5 ml/½ tsk bikarbonatsodavand (bagepulver)

2,5 ml/½ tsk tandsten

50 g/2 oz/¼ kop smør eller margarine

25 g/1 oz/2 spsk strøsukker (ultra fint).

50 g/2 oz/1/3 kop sultanas (gyldne rosiner)

7,5 ml/½ spsk citronsaft

150 ml / ¼ pt / 2/3 kop mælk

Bland mel, salt, sodavand og tandsten sammen. Gnid smør eller margarine i, indtil blandingen ligner brødkrummer. Rør sukker og sultanas i. Bland citronsaften i mælken og bland gradvist i de tørre ingredienser, indtil du får en blød dej. Ælt let, rul derefter ud til ca. 1 cm/½ tykkelse og skær i 5 cm/2 runde stykker med en udstikker. Læg scones (kagerne) på en bageplade med smør og bag dem i en forvarmet ovn ved 230°C/450°F/gasmærke 8 i ca. 10 minutter, indtil de er gennemhævede og gyldenbrune.

Fuldkornssirup scones

Gør 12

100 g/4 oz/1 kop fuldkornsmel (fuld hvede).

100 g/4 oz/1 kop almindeligt (all-purpose) mel

25 g/1 oz/2 spsk strøsukker (ultra fint).

2,5 ml/½ tsk tandsten

2,5 ml/½ tsk bikarbonatsodavand (bagepulver)

5 ml/1 tsk blandet (æblekage) krydderi

50 g/2 oz/¼ kop smør eller margarine

30 ml/2 spsk sort sirup (melasse)

100 ml/3½ fl oz/6½ spsk mælk

Bland de tørre ingredienser sammen, og gnid derefter smør eller margarine i. Varm siruppen, og bland den derefter i ingredienserne med nok mælk til at lave en blød dej. Rul ud på en let meldrysset overflade til 1 cm/½ tykkelse og skær i cirkler med en kiksefræser. Læg scones (cookies) på en smurt og meldrysset bageplade og pensl med mælk. Bages i en forvarmet ovn ved 190°C/375°F/gasmærke 5 i 20 minutter.

Yoghurt scones

Gør 12

200 g/7 oz/1¾ kop almindeligt (all-purpose) mel

25 g/1 oz/¼ kop rismel

10 ml/2 tsk bagepulver

En knivspids salt

15 ml/1 spsk pulveriseret sukker (ultra fint).

50 g/2 oz/¼ kop smør eller margarine

150 ml/¼ pt/2/3 kop almindelig yoghurt

Bland mel, bagepulver, salt og sukker sammen. Gnid smør eller margarine i, indtil blandingen ligner brødkrummer. Rør yoghurten i for at få en blød, men ikke klistret dej. Rul ud på en meldrysset overflade til en tykkelse på ca. 2 cm/¾ og skær i 5 cm/2 cirkler med en kiksefræser. Læg dem på en smurt bageplade og bag dem i en forvarmet ovn ved 200°C / 400°F / gasmærke 6 i ca. 15 minutter, indtil de er gennemhævet og gyldenbrune.

Stykker af ost

Gør 12

225 g/8 oz/2 kopper almindeligt (all-purpose) mel

2,5 ml / ½ tsk salt

15 ml/1 spsk bagepulver

50 g/2 oz/¼ kop smør eller margarine

100 g/4 oz/1 kop cheddarost, revet

150 ml / ¼ pt / 2/3 kop mælk

Bland mel, salt og bagepulver sammen. Gnid smør eller margarine i, indtil blandingen ligner brødkrummer. Rør osten i. Tilsæt mælk lidt efter lidt for at lave en blød dej. Ælt let, rul derefter ud til ca. 1 cm/½ tykkelse og skær i 5 cm/2 runde stykker med en udstikker. Læg scones (cookies) på en smurt bageplade og bag dem i en forvarmet ovn ved 220°C i 12-15 minutter, indtil de er gennemhævede og gyldne på toppen. Serveres varm eller kold.

Fuldkorns urtescones

Gør 12

100 g/4 oz/½ kop smør eller margarine

175 g/6 oz/1¼ kopper fuldkornshvede (fuldkornshvede)mel

50 g/2 oz/½ kop almindeligt (all-purpose) mel

10 ml/2 tsk bagepulver

30 ml/2 spsk hakket frisk salvie eller timian

150 ml / ¼ pt / 2/3 kop mælk

Gnid smør eller margarine ind i mel og bagepulver, indtil blandingen ligner brødkrummer. Bland krydderurterne og nok mælk i til en blød dej. Ælt let, rul derefter ud til ca. 1 cm/½ tykkelse og skær i 5 cm/2 runde stykker med en udstikker. Læg scones (cookies) på en smurt bageplade og pensl med mælk. Bages i en forvarmet ovn ved 220°C/425°F/gasmærke 7 i 10 minutter, indtil den er hævet og gyldenbrun.

Skiver salami og ost

Serverer 4

50 g/2 oz/¼ kop smør eller margarine

225 g/8 oz/2 kopper selvhævende (selvhævende) mel

En knivspids salt

50 g/2 oz salami, skåret i tern

75 g/3 oz/¾ kop revet cheddarost

75 ml/5 spsk mælk

Gnid smør eller margarine ind i mel og salt, indtil blandingen ligner brødkrummer. Bland salami og ost i, tilsæt derefter mælken og bland til en blød dej. Form til en 20 cm/8 runde og flad lidt. Placer scones (cookies) på en smurt bageplade og bag dem i en forvarmet ovn ved 220°C/425°F/gasmærke 7 i 15 minutter, indtil de er gyldenbrune.

Fuld hvede scones

Gør 12

175 g/6 oz/1½ kopper fuldkornshvede (fuld hvede) mel

50 g/2 oz/½ kop almindeligt (all-purpose) mel

15 ml/1 spsk bagepulver

En knivspids salt

50 g/2 oz/¼ kop smør eller margarine

50 g/2 oz/¼ kop strøsukker (superfint).

150 ml / ¼ pt / 2/3 kop mælk

Bland mel, bagepulver og salt sammen. Gnid smør eller margarine i, indtil blandingen ligner brødkrummer. Rør sukkeret i. Tilsæt mælk lidt efter lidt for at lave en blød dej. Ælt let, rul derefter ud til ca. 1 cm/½ tykkelse og skær i 5 cm/2 runde stykker med en udstikker. Læg scones (kagerne) på en bageplade med smør og bag dem i en forvarmet ovn ved 230°C/450°F/gasmærke 8 i ca. 15 minutter, indtil de er hævede og gyldenbrune. Serveres varm.

Barbadisk konkylier

Gør 12

350 g/12 oz græskar, revet

225 g/8 oz sød kartoffel, revet

1 stor revet kokosnød eller 225 g/8 oz 2 kopper tørret (revet) kokosnød

350 g/12 oz/1½ kopper blødt brun farin

5ml/1 tsk stødt (æbletærte) krydderi

5 ml/1 tsk revet muskatnød

5 ml / 1 tsk salt

5 ml/1 tsk mandelessens (ekstrakt)

100 g/4 oz/2/3 kop rosiner

350 g/12 oz/3 kopper majsmel

100 g/4 oz/1 kop selvhævende (selvhævende) mel

175 g/6 oz/¾ kop smør eller margarine, smeltet

300 ml/½ pt/1¼ kop mælk

Bland græskar, sød kartoffel og kokos sammen. Bland sukker, krydderier, salt og mandelessens i. Tilsæt rosiner, majsmel og mel og bland godt. Bland det smeltede smør eller margarine med mælken og bland i de tørre ingredienser, indtil det er godt blandet. Hæld ca. 60 ml/4 spsk af blandingen på en firkant af folie, pas på ikke at overfylde. Fold folien inde i pakken, så den er godt pakket, og blandingen ikke er blottet. Gentag med den resterende blanding. Damp cupcakesene på en rist i en gryde med kogende vand i cirka 1 time, til de er faste og gennemstegte. Serveres varm eller kold.

Friturestegte julesmåkager

Gør 40

50 g/2 oz/¼ kop smør eller margarine

100 g/4 oz/1 kop almindeligt (all-purpose) mel

2,5 ml/½ tsk stødt kardemomme

25 g/1 oz/2 spsk strøsukker (ultra fint).

15 ml/1 spsk dobbelt (tung) creme

5 ml/1 tsk brandy

1 lille æg, pisket

Olie til stegning

Flormelis (til konditorer) til aftørring

Gnid smør eller margarine ind i mel og kardemomme, indtil blandingen ligner brødkrummer. Rør sukkeret i, tilsæt derefter fløde og brandy og nok æg til at lave en ret stiv blanding. Dæk til og lad det stå et køligt sted i 1 time.

Rul ud på en let meldrysset overflade til 5 mm/¼ tykkelse og skær i 10 x 2,5 cm/4 x 1 strimler med en konditor. Skær en slids i midten af hver strimmel med en skarp kniv. Træk den ene ende af strimlen gennem slidsen for at danne en halv bue. Steg småkagerne (kiks) i omgange i varm olie i cirka 4 minutter, indtil de er gyldenbrune og hævede. Afdryp på køkkenrulle (papirservietter) og server drysset med flormelis.

Majsmelskager

Gør 12

100 g/4 oz/1 kop selvhævende (selvhævende) mel

100 g/4 oz/1 kop majsmel

5 ml/1 tsk bagepulver

15 g/½ oz/1 spsk strøsukker (ultra fint).

2 æg

375 ml/13 fl oz/1½ kopper mælk

60 ml/4 spsk olie

Olie til overfladisk stegning

Bland de tørre ingredienser sammen og lav en brønd i midten. Pisk æg, mælk og afmålt olie sammen, og bland det derefter i de tørre ingredienser. Opvarm lidt olie i en stor stegepande og steg (steg) 60ml/4 spsk af dejen, indtil der kommer bobler på toppen. Vend og brun den anden side. Tag af panden og hold varmt, mens du fortsætter med resten af dejen. Serveres varm.

Crumpets

Gør 8

15 g/½ oz frisk gær eller 20 ml/4 tsk tørgær

5 ml/1 tsk pulveriseret sukker (super fint).

300 ml/½ pt/1¼ kop mælk

1 æg

250 g/9 oz/2¼ kopper almindeligt (all-purpose) mel

5 ml / 1 tsk salt

Olie til smøring

Bland gær og sukker med lidt mælk til en pasta, og bland derefter den resterende mælk og æg i. Bland væsken i mel og salt og bland til en cremet, tyk dej. Dæk til og lad stå et lunt sted i 30 minutter, indtil den er fordoblet i størrelse. Varm en bageplade eller tyk pande op og smør den let. Læg 7,5 cm/3 bageringe på en bageplade. (Hvis du ikke har bageringe, så skær forsigtigt toppen og bunden af den lille gryde.) Hæld blandingen i ringene i kopper og bag i cirka 5 minutter, indtil undersiden er brunet og toppen er sat. Gentag med den resterende blanding. Server ristet.

Donuts

Gør 16

300 ml/½ pt/1¼ kop varm mælk

15 ml/1 spsk tørret gær

175 g/6 oz/¾ kop strøsukker (superfint).

450 g/1 lb/4 kopper stærkt almindeligt (brød) mel

5 ml / 1 tsk salt

50 g/2 oz/¼ kop smør eller margarine

1 æg, pisket

Olie til stegning

5 ml/1 tsk stødt kanel

Bland den varme mælk, gær, 5 ml/1 tsk sukker og 100 g/4 oz/1 kop mel sammen. Lad stå et lunt sted i 20 minutter, indtil skummet. Bland det resterende mel, 50 g/2 oz/¼ kop sukker og salt i en skål og gnid smørret med margarinen, indtil blandingen ligner brødkrummer. Bland æg- og gærblandingen i og ælt godt til en jævn dej. Dæk til og lad stå et lunt sted i 1 time. Ælt igen og rul til 2 cm/½ tykkelse. Klip ringe med en 8 cm/3 skærer og skær centrerne ud med en 4 cm/1½ skærer.

Læg på en smurt bageplade og lad hæve i 20 minutter. Varm olien op, indtil den næsten ryger, og steg derefter donuts et par ad gangen i et par minutter, indtil de er gyldne. Dræn godt af. Kom det resterende sukker og kanel i en pose og ryst donutsene i posen til de er godt belagte.

Kartoffel donuts

Gør 24

15 ml/1 spsk tørret gær

60 ml/4 spsk varmt vand

25 g/1 oz/2 spsk strøsukker (ultra fint).

25 g/1 oz/2 spsk spæk (afkortning)

1,5 ml / ¼ tsk salt

75 g/3 oz/1/3 kop kartoffelmos

1 æg, pisket

120 ml/4 fl oz/½ kop mælk, kogt

300 g/10 oz/2½ kopper stærkt almindeligt (brød) mel

Olie til stegning

Granuleret sukker til drys

Opløs gæren i varmt vand med en teskefuld sukker og lad den skumme. Bland spæk, resterende sukker og salt sammen. Rør kartofler, gærblanding, æg og mælk i, bland derefter gradvist melet i og bland til en jævn dej. Læg den på en meldrysset overflade og ælt godt. Overfør til en smurt skål, dæk med husholdningsfilm (ler) og lad stå et lunt sted i ca. 1 time, indtil den er fordoblet i størrelse.

Ælt igen, rul derefter ud til 1 cm/½ tykkelse. Klip ringe ud med en 8 cm/3 skærer, og skær derefter centrene ud med en 4 cm/1½ skærer for at lave en donutform. Lad hæve til dobbelt størrelse. Varm olien op og steg donuts til de er gyldne. Drys med sukker og lad afkøle.

Naan brød

Gør 6

2,5 ml/½ tsk tørret gær

60 ml/4 spsk varmt vand

350 g/12 oz/3 kopper almindeligt (all-purpose) mel

10 ml/2 tsk bagepulver

En knivspids salt

150 ml/¼ pt/2/3 kop almindelig yoghurt

Smeltet smør til pensling

Bland gær og varmt vand sammen og lad det hæve et lunt sted i 10 minutter. Bland gærblandingen i mel, bagepulver og salt, og arbejd derefter ind i yoghurten til en blød dej. Ælt til det ikke længere er klistret. Læg i en oliesmurt skål, dæk til og lad den hæve i 8 timer.

Del dejen i seks stykker og rul dem til ovale ca. 5 mm/¼ tykke. Læg dem på en smurt bageplade og pensl med smeltet smør. Grill (steg) på en mellemstor grill (slagtekyllinger) i cirka 5 minutter, indtil den er let hævet, vend og pensl den anden side med smør og grill i yderligere 3 minutter, indtil den er let brunet.

Havre Bannocks

Gør 4

100 g/4 oz/1 kop medium valset havre

2,5 ml / ½ tsk salt

En knivspids bicarbonat sodavand (bagepulver)

10 ml/2 tsk olie

60 ml/4 tsk varmt vand

Bland de tørre ingredienser i en skål og lav en brønd i midten. Bland olien og nok vand i til en fast dej. Overfør til en let meldrysset overflade og ælt til den er glat. Rul til ca. 5 mm/¼ tykkelse, gør kanterne pæne og skær derefter i kvarte. Opvarm en bageplade eller en tykbundet pande (pande) og steg (steg) bannockerne i cirka 20 minutter, indtil hjørnerne begynder at krølle. Vend og steg den anden side i 6 minutter.

Pikelets

Gør 8

10 ml/2 tsk frisk gær eller 5 ml/1 tsk tørret gær

5 ml/1 tsk pulveriseret sukker (super fint).

300 ml/½ pt/1¼ kop mælk

1 æg

225 g/8 oz/2 kopper almindeligt (all-purpose) mel

5 ml / 1 tsk salt

Olie til smøring

Bland gær og sukker med lidt mælk til en pasta, og bland derefter den resterende mælk og æg i. Bland væsken i mel og salt og bland til en tynd dej. Dæk til og lad stå et lunt sted i 30 minutter, indtil den er fordoblet i størrelse. Varm en bageplade eller tyk pande op og smør den let. Hæld en kop af blandingen på bagepladen og steg i cirka 3 minutter, indtil undersiden er brunet, og vend derefter og steg i cirka 2 minutter på den anden side. Gentag med den resterende blanding.

Easy Drop Scones

Gør 15

100 g/4 oz/1 kop selvhævende (selvhævende) mel

En knivspids salt

15 ml/1 spsk pulveriseret sukker (ultra fint).

1 æg

150 ml / ¼ pt / 2/3 kop mælk

Olie til smøring

Bland mel, salt og sukker sammen og lav en fordybning i midten. Tilsæt ægget og bland gradvist æg og mælk i, indtil du får en jævn dej. Varm en stor stegepande (pande) op og olie den let. Når det er varmt, hældes skefulde dej ned i gryden, så der dannes cirkler. Bag i ca. 3 minutter, indtil sconesene (småkagerne) er hævede og gyldne på toppen, og vend derefter og brun den anden side. Serveres varm eller varm.

Maple Drop Scones

Gør 30

200 g/7 oz/1¾ kopper selvhævende (selvhævende) mel

25 g/1 oz/¼ kop rismel

10 ml/2 tsk bagepulver

25 g/1 oz/2 spsk strøsukker (ultra fint).

En knivspids salt

15 ml/1 spsk ahornsirup

1 æg, pisket

200 ml / 7 fl oz / sparsom 1 kop mælk

Solsikkeolie

50 g/2 oz/¼ kop smør eller margarine, blødgjort

15 ml/1 spsk finthakkede valnødder

Bland mel, bagepulver, sukker og salt sammen og lav en fordybning i midten. Tilsæt ahornsirup, æg og halvdelen af mælken og pisk til en jævn masse. Rør resten af mælken i til en tyk dej. Varm lidt olie i en pande (pande), og hæld derefter det overskydende fra. Kom skefulde dej i gryden og steg (steg), indtil undersiden er gylden. Vend og steg også de andre sider. Tag det af panden og hold det varmt, mens du steger resten af sconesene (småkagerne). Purér smør eller margarine med nødder og server lune scones med smagssmør.

Bageplader

Gør 12

225 g/8 oz/2 kopper almindeligt (all-purpose) mel

5 ml/1 tsk bicarbonat sodavand (bagepulver)

10 ml/2 tsk tandsten

2,5 ml / ½ tsk salt

25 g/1 oz/2 spsk spæk (afkortning) eller smør

25 g/1 oz/2 spsk strøsukker (ultra fint).

150 ml / ¼ pt / 2/3 kop mælk

Olie til smøring

Bland mel, bikarbonat af sodavand, fløde af vinsten og salt sammen. Gnid spæk eller smør i, og rør derefter sukkeret i. Tilsæt mælk lidt efter lidt, indtil du får en blød dej. Skær dejen i to og ælt og form hver til en runde på ca. 1 cm/½ tykkelse. Skær hver cirkel i seks. Opvarm let en grillrist eller stor stegepande (pande) og olie. Når de er varme, læg scones (cookies) i gryden og steg i cirka 5 minutter, indtil de er gyldne på undersiden, og vend derefter og steg på den anden side. Lad afkøle på en rist.

Osteagtige grillede scones

Gør 12

25 g/1 oz/2 spsk smør eller margarine, blødgjort

100 g/4 oz/½ kop hytteost

5 ml/1 tsk hakket frisk purløg

2 æg, pisket

40 g/1½ oz/1/3 kop almindeligt (all-purpose) mel

15 g/½ oz/2 spsk rismel

5 ml/1 tsk bagepulver

15 ml/1 spsk mælk

Olie til smøring

Pisk alle ingredienserne undtagen olien til en tyk dej. Varm lidt olie op i en wok (pande), og hæld derefter det overskydende af. Steg (steg) en skefuld af blandingen til undersiden er gylden. Vend scones (cookies) og steg også den anden side. Tag det af panden og hold det varmt, mens du steger de resterende scones

Specielle skotske pandekager

Gør 12

100 g/4 oz/1 kop almindeligt (all-purpose) mel

10 ml/2 tsk rørsukker (ultra fint).

5 ml/1 tsk tandsten

2,5 ml / ½ tsk salt

2,5 ml/½ tsk bikarbonatsodavand (bagepulver)

1 æg

5 ml/1 tsk gylden (lys majs) sirup

120 ml/4 fl oz/½ kop varm mælk

Olie til smøring

Bland de tørre ingredienser sammen og lav en brønd i midten. Pisk ægget med sirup og mælk og bland i melblandingen, indtil du får en meget tyk dej. Dæk til og lad sidde i cirka 15 minutter, indtil blandingen bobler. Varm en stor bagerist eller tykbundet pande (pande) op og smør let. Kom små skefulde af dejen på bagepladen og steg på den ene side i cirka 3 minutter, indtil undersiden er gylden, vend derefter og steg på den anden side i cirka 2 minutter. Mens resten af dejen koger, pakkes pandekagerne ind i et varmt håndklæde (opvaskemaskine). Server frisk og smurt, ristet eller stegt (braiseret).

Skotske frugtpandekager

Gør 12

100 g/4 oz/1 kop almindeligt (all-purpose) mel

10 ml/2 tsk rørsukker (ultra fint).

5 ml/1 tsk tandsten

2,5 ml / ½ tsk salt

2,5 ml/½ tsk bikarbonatsodavand (bagepulver)

100 g/4 oz/2/3 kop rosiner

1 æg

5 ml/1 tsk gylden (lys majs) sirup

120 ml/4 fl oz/½ kop varm mælk

Olie til smøring

Bland de tørre ingredienser og rosiner sammen og lav en fordybning i midten. Pisk ægget med sirup og mælk og bland i melblandingen, indtil du får en meget tyk dej. Dæk til og lad sidde i cirka 15 minutter, indtil blandingen bobler. Varm en stor bagerist eller tykbundet pande (pande) op og smør let. Kom små skefulde af dejen på bagepladen og steg på den ene side i cirka 3 minutter, indtil undersiden er gylden, vend derefter og steg på den anden side i cirka 2 minutter. I resten af tilberedningstiden pakkes pandekagerne ind i et varmt håndklæde (opvaskemaskine). Server frisk og smurt, ristet eller stegt (braiseret).

Scotch appelsin pandekager

Gør 12

100 g/4 oz/1 kop almindeligt (all-purpose) mel

10 ml/2 tsk rørsukker (ultra fint).

5 ml/1 tsk tandsten

2,5 ml / ½ tsk salt

2,5 ml/½ tsk bikarbonatsodavand (bagepulver)

10 ml/2 tsk revet appelsinskal

1 æg

5 ml/1 tsk gylden (lys majs) sirup

120 ml/4 fl oz/½ kop varm mælk

Et par dråber appelsinessens (ekstrakt)

Olie til smøring

Bland de tørre ingredienser og appelsinskal sammen og lav en brønd i midten. Pisk ægget med sirup, mælk og appelsinessens og bland i melblandingen, indtil du får en meget tyk dej. Dæk til og lad sidde i cirka 15 minutter, indtil blandingen bobler. Varm en stor bagerist eller tykbundet pande (pande) op og smør let. Kom små skefulde af dejen på bagepladen og steg på den ene side i cirka 3 minutter, indtil undersiden er gylden, vend derefter og steg på den anden side i cirka 2 minutter. I resten af tilberedningstiden pakkes pandekagerne ind i et varmt håndklæde (opvaskemaskine). Server frisk og smurt, ristet eller stegt (braiseret).

Hinny synger

Gør 12

225 g/8 oz/2 kopper almindeligt (all-purpose) mel

2,5 ml / ½ tsk salt

2,5 ml/½ tsk bagepulver

50 g/2 oz/¼ kop spæk (afkortning)

50 g/2 oz/¼ kop smør eller margarine

100 g/4 oz/2/3 kop ribs

120 ml/4 fl oz/½ kop mælk

Olie til smøring

Bland de tørre ingredienser sammen, og gnid derefter spæk og smør eller margarine i, indtil blandingen minder om brødkrummer. Bland ribsene i og lav en brønd i midten. Tilsæt nok mælk til at lave en stiv dej. Rul ud på en let meldrysset overflade til ca. 1 cm/½ tykkelse og prik toppen med en gaffel. Varm en bageplade eller tykbundet pande (pande) op og smør let. Bag kagen i cirka 5 minutter, indtil bunden er gylden, vend derefter og steg den anden side i cirka 4 minutter. Server flækket og smurt.

Welsh kager

Serverer 4

225 g/8 oz/2 kopper almindeligt (all-purpose) mel

5 ml/1 tsk bagepulver

2,5 ml/½ tsk malet (æbletærte) krydderi

50 g/2 oz/¼ kop smør eller margarine

50 g/2 oz/¼ kop spæk (afkortning)

75 g/3 oz/1/3 kop pulveriseret sukker (superfint).

50 g/2 oz/1/3 kop rosiner

1 æg, pisket

30-45ml/2-3 spsk mælk

Bland mel, bagepulver og blandet krydderier i en skål. Gnid smør eller margarine og svinefedt i, indtil blandingen ligner brødkrummer. Rør sukker og ribs i. Bland ægget og nok mælk i til en stiv dej. Rul ud på et meldrysset bord til 5 mm/¼ tykkelse og skær i 7,5 cm/3 runder. Steg på en smurt tallerken i cirka 4 minutter på begge sider, indtil de er gyldenbrune.

walisiske pandekager

Gør 12

175 g/6 oz/1½ kopper almindeligt (all-purpose) mel

2,5 ml/½ tsk tandsten

2,5 ml/½ tsk bikarbonatsodavand (bagepulver)

50 g/2 oz/¼ kop strøsukker (superfint).

25 g/1 oz/2 spsk smør eller margarine

1 æg, pisket

120 ml/4 fl oz/½ kop mælk

2,5 ml/½ tsk eddike

Olie til smøring

Bland de tørre ingredienser sammen og bland sukkeret i. Gnid smør eller margarine i og lav en fordybning i midten. Bland nok æg og mælk i til en tynd dej. Rør eddiken i. Varm en bageplade eller tykbundet pande (pande) op og smør let. Hæld store skefulde dej i gryden og steg (steg) i cirka 3 minutter, indtil bunden er gylden. Vend og steg den anden side i cirka 2 minutter. Serveres varm og smurt.

Mexicansk krydret majsbrød

Giver 8 ruller

225 g/8 oz/2 kopper selvhævende (selvhævende) mel

5 ml/1 tsk chilipulver

2,5 ml/½ tsk bikarbonatsodavand (bagepulver)

200 g/7 oz/1 lille dåse sukkermajs (majs)

15 ml/1 spsk karrypasta

250 ml/8 fl oz/1 kop almindelig yoghurt

Olie til overfladisk stegning

Bland mel, chilipulver og natron sammen. Bland resten af ingredienserne undtagen olien i og bland til en blød dej. Overfør til en let meldrysset overflade og ælt forsigtigt, indtil den er glat. Skær i otte stykker og dup hver i 13 cm/5 cirkler. Varm olien op i en tyk pande (pande) og steg (steg) majsbrødet i 2 minutter på hver side, indtil det er brunet og let hævet.

Svensk butterdej

Gør 4

225 g/8 oz/2 kopper fuld hvede (fuld hvede) mel

225 g/8 oz/2 kopper rug- eller bygmel

5 ml / 1 tsk salt

Cirka 250 ml/8 fl oz/1 kop lunkent vand

Olie til smøring

Bland mel og salt i en skål, og arbejd derefter gradvist vandet i, indtil du får en stiv dej. Du kan have brug for lidt mere eller mindre vand alt efter hvilket mel du bruger. Pisk godt indtil blandingen forlader skålens sider, vend derefter ud på en let meldrysset overflade og ælt i 5 minutter. Del dejen i fire og rul ud til 20 cm/8 cirkler. Opvarm en bageplade eller stor stegepande (pande) og olie let. Steg (steg) en eller to boller ad gangen i cirka 15 minutter på hver side, indtil de er gyldne.

Dampet rug- og sukkermajsbrød

Giver et 23 cm/9 brød

175 g/6 oz/1½ kopper rugmel

175 g/6 oz/1½ kopper fuldkornshvede (fuld hvede) mel

100 g/4 oz/1 kop havregryn

10 ml/2 tsk bicarbonat sodavand (bagepulver)

5 ml / 1 tsk salt

450 ml / ¾ pt / 2 kopper mælk

175 g/6 oz/½ kop sort sirup (melasse)

10 ml/2 tsk citronsaft

Bland mel, havregryn, natron og salt sammen. Lun mælk, sirup og citronsaft til det er lunt, og rør det derefter i de tørre ingredienser. Hæld i et smurt 23 cm/9 buddingfad og dæk med foldet folie. Læg i en stor gryde og fyld med varmt vand, indtil det når siderne af gryden. Dæk med låg og kog i 3 timer, tilsæt eventuelt kogende vand. Lad stå natten over inden servering.

Dampet sukkermajsbrød

Giver to 450g/1lb brød

175 g/6 oz/1½ kopper almindeligt (all-purpose) mel

225 g/8 oz/2 kopper majsmel

15 ml/1 spsk bagepulver

En knivspids salt

3 æg

45 ml/3 spsk olie

150 ml / ¼ pt / 2/3 kop mælk

300 g/11 oz dåse sukkermajs (majs), drænet og pureret

Bland mel, majsmel, bagepulver og salt sammen. Pisk æg, olie og mælk sammen, og bland derefter i de tørre ingredienser med sukkermajsen. Hæld i to smurte 450g/1lb brødforme (pander) og anbring i en stor gryde fyldt med nok kogende vand til at komme op ad siderne af formene. Dæk med låg og lad det simre i 2 timer, tilsæt eventuelt kogende vand. Lad formene køle af, inden de vendes ud og skæres i skiver.

Fuldkorn Chapati

Gør 12

225 g/8 oz/2 kopper fuld hvede (fuld hvede) mel

5 ml / 1 tsk salt

150 ml / ¼ pt / 2/3 kop vand

Bland mel og salt i en skål, og arbejd derefter gradvist vandet i, indtil du får en stiv dej. Del i 12 dele og rul tyndt ud på en meldrysset overflade. Smør en tykbundet pande (pande) eller bageplade og steg (steg) et par chapatis ad gangen ved moderat varme, indtil de er brune. Vend og steg på den anden side, indtil de er let brunede. Hold chapatien varm under resten af stegeprocessen. Server smørret på den ene side, hvis det ønskes.

Fuldkornssejl

Gør 8

100 g/4 oz/1 kop fuldkornsmel (fuld hvede).

100 g/4 oz/1 kop almindeligt (all-purpose) mel

2,5 ml / ½ tsk salt

25 g/1 oz/2 spsk smør eller margarine, smeltet

150 ml / ¼ pt / 2/3 kop vand

Olie til stegning

Bland mel og salt sammen og lav en brønd i midten. Hæld smør eller margarine i. Tilsæt vand lidt ad gangen, bland til en stiv dej. Ælt i 5-10 minutter, dæk derefter til med et fugtigt klæde og lad det stå i 15 minutter.

Del dejen i otte og rul hver til en tynd 13 cm/5 cirkel. Varm olien op i en stor tykbundet pande (pande) og fritér (steg) purierne en eller to ad gangen, indtil de puster op og er sprøde og gyldne. Afdryp på køkkenrulle (papirhåndklæder).

Mandelkager

Gør 24

100 g/4 oz/½ kop smør eller margarine, blødgjort

50 g/2 oz/¼ kop strøsukker (superfint).

100 g/4 oz/1 kop selvhævende (selvhævende) mel

25 g/1 oz/¼ kop malede mandler

Et par dråber mandelessens (ekstrakt)

Pisk smør, margarine og sukker let og luftigt. Forarbe mel, malede mandler og malede mandler til en stiv blanding. Form til store kugler på størrelse med valnød og læg dem på en bageplade beklædt med smurt bagepapir, og tryk derefter let ned med en gaffel. Bag småkagerne (kiks) i en forvarmet ovn ved 180°C/350°F/gasmærke 4 i 15 minutter, indtil de er gyldenbrune.

Mandelkrøller

Gør 30

100 g/4 oz/1 kop flagede (hakkede) mandler

100 g/4 oz/½ kop smør eller margarine

100 g/4 oz/½ kop strøsukker (superfint).

30 ml/2 spsk mælk

15-30 ml/1-2 spsk almindeligt (all-purpose) mel

Kom mandler, smør, margarine, sukker og mælk i en gryde med 15 ml/1 spsk mel. Varm op, omrør forsigtigt, indtil blandingen er kombineret, tilsæt resten af melet efter behov for at holde blandingen sammen. Læg skefulde på en smurt og meldrysset bageplade og bag dem i en forvarmet ovn ved 180°C/350°F/gasmærke 4 i 8 minutter, indtil de er lysebrune. Lad dem køle af på bagepladen i cirka 30 sekunder, og krøl dem derefter rundt om håndtaget på en træske. Hvis de bliver for kølige til at forme, skal du sætte dem tilbage i ovnen i et par sekunder for at genopvarme, før du laver resten af formningen.

Mandel ringe

Gør 24

100 g/4 oz/½ kop smør eller margarine, blødgjort

100 g/4 oz/½ kop strøsukker (superfint).

1 æg, adskilt

225 g/8 oz/2 kopper almindeligt (all-purpose) mel

5 ml/1 tsk bagepulver

5 ml/1 tsk revet citronskal

50 g/2 oz/½ kop mandler i flager (skiver).

Pulversukker (ultra fint) til drys.

Pisk smør, margarine og sukker let og luftigt. Pisk æggeblommen i lidt ad gangen, og arbejd derefter mel, bagepulver og citronskal i med hænderne, indtil blandingen er samlet. Rul ud til 5 mm/¼ tykkelse og skær i 6 cm/2¼ runder med en kageudstikker, og skær derefter midten ud med en 2 cm/¾ udskærer. Læg småkagerne på en godt smurt bageplade og gennembor dem med en gaffel. Bages i en forvarmet ovn ved 180°C/350°F/gasmærke 4 i 10 minutter. Pensl med æggehvide, drys med mandler og sukker, og bag dem i yderligere 5 minutter, indtil de er lysegyldne.

Middelhavet tonsill revner

Gør 24

2 æg, adskilt

175 g/6 oz/1 kop pulveriseret sukker (til konditorer), sigtet

10 ml/2 tsk bagepulver

Revet skal af ½ citron

Et par dråber vaniljeessens (ekstrakt)

400 g/14 oz/3½ kopper malede mandler

Pisk æggeblommerne og den ene æggehvide sammen med sukkeret, indtil det er lyst og luftigt. Pisk alle de resterende ingredienser i og bland til en fast dej. Rul til kugler på størrelse med valnød og læg dem på en bageplade med smør, og tryk forsigtigt ned. Bages i en forvarmet ovn ved 180°C/350°F/gasmærke 4 i 15 minutter, indtil den er gylden og revnet på toppen.

Mandel- og chokoladekager

Gør 24

50 g/2 oz/¼ kop smør eller margarine, blødgjort

75 g/3 oz/1/3 kop pulveriseret sukker (superfint).

1 lille æg, pisket

100 g/4 oz/1 kop almindeligt (all-purpose) mel

2,5 ml/½ tsk bagepulver

25 g/1 oz/¼ kop malede mandler

25 g/1 oz/¼ kop almindelig (halvsød) chokolade, revet

Pisk smør, margarine og sukker let og luftigt. Pisk ægget i lidt ad gangen, og bland derefter resten af ingredienserne til en ret stiv dej. Hvis blandingen er for våd, tilsættes lidt mere mel. Pak ind i husholdningsfilm (film) og stil på køl i 30 minutter.

> Rul dejen til en cylinderform og skær den i 1 cm/½ skiver. Anbring på en smurt bageplade og bag i en forvarmet ovn ved 190°C / 375°F / gasmærke 5 i 10 minutter.

Amish frugt- og nøddekager

Gør 24

100 g/4 oz/½ kop smør eller margarine, blødgjort

175 g/6 oz/¾ kop strøsukker (superfint).

1 æg

75 ml/5 spsk mælk

75 g/3 oz/¼ kop sort sirup (melasse)

250 g/9 oz/2¼ kopper almindeligt (all-purpose) mel

10 ml/2 tsk bagepulver

15 ml/1 spsk stødt kanel

10 ml/2 tsk bicarbonat sodavand (bagepulver)

2,5 ml/½ tsk revet muskatnød

50 g/2 oz/½ kop medium valset havre

50 g/2 oz/1/3 kop rosiner

25 g/1 oz/¼ kop hakkede blandede nødder

Pisk smør, margarine og sukker let og luftigt. Pisk gradvist ægget i, derefter mælken og siruppen. Bland resten af ingredienserne i og bland til en stiv dej. Tilsæt lidt mere mælk, hvis blandingen er for stiv til at arbejde med, eller lidt mere mel, hvis den er for klistret; konsistensen varierer afhængigt af det anvendte mel. Rul dejen til ca. 5 mm/¼ tykkelse og skær den i cirkler med en udstikker. Læg dem på en smurt bageplade og bag dem i en forvarmet ovn ved 180°C/350°F/gasmærke 4 i 10 minutter, indtil de er gyldne.

Anis cookies

Gør 16

175 g/6 oz/¾ kop strøsukker (superfint).

2 æggehvider

1 æg

100 g/4 oz/1 kop almindeligt (all-purpose) mel

5 ml/1 tsk stødt anis

Pisk sukker, æggehvider og æg i 10 minutter. Pisk melet i lidt efter lidt og bland anis i. Hæld blandingen i en 450 g/1 lb brødform og bag i en forvarmet ovn ved 180°C i 35 minutter, indtil et spyd, der stikkes i midten, kommer rent ud. Tag ud af formen og skær i 1 cm/½ skiver. Læg småkagerne (kiks) på siden på en bageplade med smør, og sæt dem i ovnen i yderligere 10 minutter, mens du vender halvvejs gennem bagningen.

Banan, havre og appelsinjuice cookies

Gør 24

100 g/4 oz/½ kop smør eller margarine, blødgjort

100 g/4 oz modne bananer, mosede

120 ml/4 fl oz/½ kop appelsinjuice

4 æggehvider, let pisket

10 ml/2 tsk vaniljeessens (ekstrakt)

5 ml/1 tsk fintrevet appelsinskal

225 g/8 oz/2 kopper havregryn

225 g/8 oz/2 kopper almindeligt (all-purpose) mel

5 ml/1 tsk bicarbonat sodavand (bagepulver)

5 ml/1 tsk revet muskatnød

En knivspids salt

Flød smørret eller margarinen til det er blødt, og bland derefter bananerne og appelsinsaften i. Bland æggehvider, vaniljeessens og appelsinskal sammen, vend derefter i bananblandingen og derefter resten af ingredienserne. Læg skefulde på bageplader og bag dem i en forvarmet ovn ved 180°C/350°F/gasmærke 4 i 20 minutter, indtil de er gyldenbrune.

Grundlæggende cookies

Gør 40

100 g/4 oz/½ kop smør eller margarine, blødgjort

100 g/4 oz/½ kop strøsukker (superfint).

1 æg, pisket

5 ml/1 tsk vaniljeessens (ekstrakt)

225 g/8 oz/2 kopper almindeligt (all-purpose) mel

Pisk smør, margarine og sukker let og luftigt. Pisk gradvist æg og vaniljeessens i, bland derefter melet i og ælt til en jævn dej. Rul til en kugle, pak den ind i plastfolie og stil den på køl i 1 time.

Rul dejen til 5 mm/¼ tykkelse og skær den i cirkler med en udstikker. Læg dem på en smurt bageplade og bag dem i en forvarmet ovn ved 200°C/400°F/gasmærke 6 i 10 minutter, indtil de er gyldne. Lad bakken køle af i 5 minutter, før den tages ud på en rist for at afslutte afkølingen.

Sprøde klid cookies

Gør 16

100 g/4 oz/1 kop fuldkornsmel (fuld hvede).

100 g/4 oz/½ kop blødt brun farin

25 g/1 oz/¼ kop havregryn

25 g/1 oz/½ kop klid

5 ml/1 tsk bicarbonat sodavand (bagepulver)

5 ml/1 tsk malet ingefær

100 g/4 oz/½ kop smør eller margarine

15 ml/1 spsk gylden (lys majs) sirup

15 ml/1 spsk mælk

Bland de tørre ingredienser sammen. Smelt smørret med sirup og mælk, og bland det derefter i de tørre ingredienser til en stiv dej. Læg skefulde af småkageblandingen på en bageplade med smør, og bag dem i en forvarmet ovn ved 160°C/325°F/gasmærke 3 i 15 minutter, indtil de er gyldenbrune.

Sesamklid cookies

Gør 12

225 g/8 oz/2 kopper fuld hvede (fuld hvede) mel

5 ml/1 tsk bagepulver

25 g/1 oz/½ kop klid

En knivspids salt

50 g/2 oz/¼ kop smør eller margarine

45 ml/3 spsk blødt brun farin

45 ml/3 spsk sultanas (gyldne rosiner)

1 æg, let pisket

120 ml/4 fl oz/½ kop mælk

45 ml/3 spsk sesamfrø

Bland mel, bagepulver, klid og salt sammen, og gnid derefter smørret med margarinen, indtil blandingen minder om brødkrummer. Rør sukker og sultanas i, og bland derefter ægget og nok mælk i til en blød, men ikke klistret dej. Rul ud til 1 cm/½ tykkelse og skær i cirkler med en udstikker. Læg dem på en bageplade med smør, pensl med mælk og drys med sesamfrø. Bages i en forvarmet ovn ved 220°C/425°F/gasmærke 7 i 10 minutter, indtil de er gyldenbrune.

Brand cookies med spidskommen

Gør 30

25 g/1 oz/2 spsk smør eller margarine, blødgjort

75 g/3 oz/1/3 kop blødt brun farin

½ æg

10 ml/2 tsk brandy

175 g/6 oz/1½ kopper almindeligt (all-purpose) mel

10 ml/2 tsk spidskommen

5 ml/1 tsk bagepulver

En knivspids salt

Pisk smør, margarine og sukker let og luftigt. Pisk æg og brandy i lidt efter lidt, bland derefter resten af ingredienserne i og bland til en stiv dej. Pak ind i husholdningsfilm (film) og stil på køl i 30 minutter.

På en let meldrysset overflade rulles dejen ud til en tykkelse på ca. 3 mm/1/8 og skæres i cirkler med en kiks (kage) udstikker. Læg småkagerne på en bageplade med smør og bag dem i en forvarmet ovn ved 200°C/400°F/gasmærke 6 i 10 minutter.

Brandy Snaps

Gør 30

100 g/4 oz/½ kop smør eller margarine

100 g/4 oz/1/3 kop gylden (lys majs) sirup

100 g/4 oz/½ kop demerara sukker

100 g/4 oz/1 kop almindeligt (all-purpose) mel

5 ml/1 tsk malet ingefær

5 ml/1 tsk citronsaft

Smelt smør eller margarine, sirup og sukker i en gryde. Lad det køle lidt af, og rør derefter mel og ingefær i, efterfulgt af citronsaft. Hæld teskefulde af blandingen på smørede bageplader med en afstand på 10 cm/4 og bag dem i en forvarmet ovn ved 180°C/350°F/gasmærke 4 i 8 minutter, indtil de er gyldenbrune. Lad afkøle i et minut, fjern derefter med en skive fra bagepladen og vend rundt om det smurte håndtag på en træske. Træk skeens håndtag af og lad afkøle på en rist. Hvis ispindene stivner for hårdt, inden de formes, så sæt dem tilbage i ovnen i et minut for at varme og bløde.

Smørkager

Gør 24

100 g/4 oz/½ kop smør eller margarine, blødgjort

50 g/2 oz/¼ kop strøsukker (superfint).

Revet skal af 1 citron

150 g/5 oz/1¼ kopper selvhævende (selvhævende) mel

Pisk smør, margarine og sukker let og luftigt. Behandl med citronskal, og rør derefter melet i, indtil det er stift. Form til store kugler på størrelse med valnød og læg dem på en bageplade beklædt med smurt bagepapir, og tryk derefter let ned med en gaffel. Bag småkagerne (kiks) i en forvarmet ovn ved 180°C/350°F/gasmærke 4 i 15 minutter, indtil de er gyldenbrune.

Butterscotch Cookies

Gør 40

100 g/4 oz/½ kop smør eller margarine, blødgjort

100 g/4 oz/½ kop mørkt blødt brun farin

1 æg, pisket

1,5 ml/¼ tsk vaniljeessens (ekstrakt)

225 g/8 oz/2 kopper almindeligt (all-purpose) mel

7,5 ml/1½ tsk bagepulver

En knivspids salt

Pisk smør, margarine og sukker let og luftigt. Pisk æg og vaniljeessens i lidt efter lidt. Bland mel, bagepulver og salt i. Form dejen til tre ruller på ca. 5 cm/2 i diameter, pak den ind i husholdningsfilm (ler) og stil på køl i 4 timer eller natten over.

Skær i 3 mm/1/8 tykke skiver og anret dem på usmurte bageplader. Bag kiksene (småkagerne) i en forvarmet ovn ved 190°C/375°F/gasmærke 5 i 10 minutter, indtil de er let brunede.

Karamel cookies

Gør 30

50 g/2 oz/¼ kop smør eller margarine, blødgjort

50 g/2 oz/¼ kop spæk (afkortning)

225 g/8 oz/1 kop blødt brun farin

1 æg, let pisket

175 g/6 oz/1½ kopper almindeligt (all-purpose) mel

1,5 ml/¼ teskefuld bikarbonatsodavand (bagepulver)

1,5 ml/¼ tsk tandsten

En knivspids revet muskatnød

10 ml / 2 tsk vand

2,5 ml/½ tsk vaniljeessens (ekstrakt)

Pisk smør, margarine, spæk og sukker let og luftigt. Pisk gradvist ægget i. Bland mel, sodavandscarbonat, fløde af tatar og muskatnød i, tilsæt derefter vandet og vaniljeessensen og bland til en blød dej. Rul til en pølseform, pak ind i husholdningsfilm (film) og stil på køl i mindst 30 minutter, gerne længere.

Skær dejen i 1 cm/½ skiver og fordel den på en smurt bageplade. Bag småkagerne (kiks) i en forvarmet ovn ved 180°C/350°F/gasmærke 4 i 10 minutter, indtil de er gyldne.

Gulerods- og valnøddekager

Gør 48

175 g/6 oz/¾ kop smør eller margarine, blødgjort

100 g/4 oz/½ kop blødt brun farin

50 g/2 oz/¼ kop strøsukker (superfint).

1 æg, let pisket

225 g/8 oz/2 kopper almindeligt (all-purpose) mel

5 ml/1 tsk bagepulver

2,5 ml / ½ tsk salt

100 g/4 oz/½ kop purerede kogte gulerødder

100 g/4 oz/1 kop valnødder, hakket

Pisk smør, margarine og sukker til det er lyst og luftigt. Pisk gradvist ægget i, og bland derefter mel, bagepulver og salt i. Vend den purerede gulerod og valnødder i. Læg små skefulde på en bageplade med smør og bag i en forvarmet ovn ved 200°C/400°F/gasmærke 6 i 10 minutter.

Gulerods- og valnøddekager med appelsinglasur

Gør 48

Til cookies (kiks):

175 g/6 oz/¾ kop smør eller margarine, blødgjort

100 g/4 oz/½ kop strøsukker (superfint).

50 g/2 oz/¼ kop blødt brun farin

1 æg, let pisket

225 g/8 oz/2 kopper almindeligt (all-purpose) mel

5 ml/1 tsk bagepulver

2,5 ml / ½ tsk salt

5 ml/1 tsk vaniljeessens (ekstrakt)

100 g/4 oz/½ kop kogte gulerødder

100 g/4 oz/1 kop valnødder, hakket

Til frostingen (til frostingen):

175 g/6 oz/1 kop pulveriseret sukker (til konditorer), sigtet

10 ml/2 tsk revet appelsinskal

30 ml/2 spsk appelsinjuice

For at lave kagerne, pisk smør, margarine og sukker, indtil det er lyst og luftigt. Pisk gradvist ægget i, og bland derefter mel, bagepulver og salt i. Vend vaniljeessens, pureret gulerod og valnødder i. Læg små skefulde på en bageplade med smør og bag i en forvarmet ovn ved 200°C/400°F/gasmærke 6 i 10 minutter.

For at lave glasuren, læg flormelissen i en skål, rør appelsinskalen i og lav en fordybning i midten. Behandl med appelsinjuice lidt ad gangen, indtil du får en glat, men ret tyk glasur. Fordel over cookies, mens de stadig er varme, lad dem derefter køle af og sætte sig.

Kirsebær cookies

Gør 48

100 g/4 oz/½ kop smør eller margarine, blødgjort

100 g/4 oz/½ kop strøsukker (superfint).

1 æg, pisket

5 ml/1 tsk vaniljeessens (ekstrakt)

225 g/8 oz/2 kopper almindeligt (all-purpose) mel

50 g/2 oz/¼ kop glace (kandiserede) kirsebær, hakket

Pisk smør, margarine og sukker let og luftigt. Pisk gradvist æg og vaniljeessens i, bland derefter mel og kirsebær i og ælt til en jævn dej. Rul til en kugle, pak den ind i plastfolie og stil den på køl i 1 time.

Rul dejen til 5 mm/¼ tykkelse og skær den i cirkler med en udstikker. Læg dem på en smurt bageplade og bag dem i en forvarmet ovn ved 200°C/400°F/gasmærke 6 i 10 minutter, indtil de er gyldne. Lad bakken køle af i 5 minutter, før den tages ud på en rist for at afslutte afkølingen.

Kirsebær- og mandelringe

Gør 24

100 g/4 oz/½ kop smør eller margarine, blødgjort

100 g/4 oz/½ kop strøsukker (superfint) plus ekstra til at drysse

1 æg, adskilt

225 g/8 oz/2 kopper almindeligt (all-purpose) mel

5 ml/1 tsk bagepulver

5 ml/1 tsk revet citronskal

60 ml/4 spsk glacé (kandiserede) kirsebær

50 g/2 oz/½ kop mandler i flager (skiver).

Pisk smør, margarine og sukker let og luftigt. Pisk æggeblommen i lidt ad gangen, og arbejd derefter mel, bagepulver, citronskal og kirsebær i, og arbejd med hænderne, indtil blandingen er samlet. Rul ud til 5 mm/¼ tykkelse og skær i 6 cm/2¼ runder med en kageudstikker, og skær derefter midten ud med en 2 cm/¾ udskærer. Læg småkagerne på en godt smurt bageplade og gennembor dem med en gaffel. Bages i en forvarmet ovn ved 180°C/350°F/gasmærke 4 i 10 minutter. Pensl med æggehvide og drys med mandler og sukker, og sæt derefter tilbage i ovnen i yderligere 5 minutter, indtil den er lys gylden.

Chokolade smør cookies

Gør 24

100 g/4 oz/½ kop smør eller margarine

50 g/2 oz/¼ kop strøsukker (superfint).

100 g/4 oz/1 kop selvhævende (selvhævende) mel

30 ml/2 spsk kakao (usødet chokolade) pulver

Pisk smør, margarine og sukker let og luftigt. Forarbejd med mel og kakao til en stiv blanding. Form til store kugler på størrelse med valnød og læg dem på en bageplade beklædt med smurt bagepapir, og tryk derefter let ned med en gaffel. Bag småkagerne (kiks) i en forvarmet ovn ved 180°C/350°F/gasmærke 4 i 15 minutter, indtil de er brune.

Chokolade og kirsebærruller

Gør 24

100 g/4 oz/½ kop smør eller margarine, blødgjort

100 g/4 oz/½ kop strøsukker (superfint).

1 æg

2,5 ml/½ tsk vaniljeessens (ekstrakt)

225 g/8 oz/2 kopper almindeligt (all-purpose) mel

5 ml/1 tsk bagepulver

En knivspids salt

25 g/1 oz/¼ kop kakaopulver (usødet chokolade).

25 g/1 oz/2 spsk glaserede (kandiserede) kirsebær, hakket

Pisk smør og sukker til det er lyst og luftigt. Pisk gradvist æg og vaniljeessens i, og bland derefter mel, bagepulver og salt i til en stiv dej. Del dejen i to og bland kakao på den ene side og kirsebær på den anden side. Pak ind i husholdningsfilm (film) og stil på køl i 30 minutter.

Rul hvert stykke dej til et rektangel ca. 3 mm/1/8 tykt, læg derefter ovenpå hinanden og tryk forsigtigt med en kagerulle. Rul den længste side op og tryk forsigtigt. Skær i 1 cm/½ tykke skiver og fordel ud på en godt smurt bageplade. Bages i en forvarmet ovn ved 200°C/400°F/gasmærke 6 i 10 minutter.

Chokolade cookies

Gør 24

75 g/3 oz/1/3 kop smør eller margarine

175 g/6 oz/1½ kopper almindeligt (all-purpose) mel

5 ml/1 tsk bagepulver

En knivspids bicarbonat sodavand (bagepulver)

50 g/2 oz/¼ kop blødt brun farin

45 ml/3 spsk gylden (lys majs) sirup

100 g/4 oz/1 kop chokoladechips

Gnid smørret eller margarinen ind i mel, bagepulver og natron, indtil blandingen minder om brødkrummer. Bland sukker, sirup og chokoladechips i og bland til en jævn dej. Form til små kugler og læg dem på en smurt bageplade, tryk let ned for at flade. Bag småkagerne (kiks) i en forvarmet ovn ved 190°C/375°F/gasmærke 5 i 15 minutter, indtil de er gyldne.

Chokolade og banan cookies

Gør 24

75 g/3 oz/1/3 kop smør eller margarine

175 g/6 oz/1½ kopper almindeligt (all-purpose) mel

5 ml/1 tsk bagepulver

2,5 ml/½ tsk bikarbonatsodavand (bagepulver)

50 g/2 oz/¼ kop blødt brun farin

45 ml/3 spsk gylden (lys majs) sirup

50 g/2 oz/½ kop chokoladechips

50 g/2 oz/½ kop tørrede bananchips, groft hakket

Gnid smørret eller margarinen ind i mel, bagepulver og natron, indtil blandingen minder om brødkrummer. Tilsæt sukker, sirup og chokolade og bananchips og bland til en jævn dej. Form til små kugler og læg dem på en smurt bageplade, tryk let ned for at flade. Bag småkagerne (kiks) i en forvarmet ovn ved 190°C/375°F/gasmærke 5 i 15 minutter, indtil de er gyldne.

Chokolade og nøddebid

Gør 24

50 g/2 oz/¼ kop smør eller margarine, blødgjort

175 g/6 oz/¾ kop strøsukker (superfint).

1 æg

5 ml/1 tsk vaniljeessens (ekstrakt)

25 g/1 oz/¼ kop almindelig (halvsød) chokolade, smeltet

100 g/4 oz/1 kop almindeligt (all-purpose) mel

5 ml/1 tsk bagepulver

En knivspids salt

30 ml/2 spsk mælk

25 g/1 oz/¼ kop hakkede blandede nødder

Flormelis (konditorsukker), sigtet, til afstøvning

Pisk smør, margarine og flormelis til det er lyst og luftigt. Pisk gradvist æg og vaniljeessens i, og bland derefter chokoladen i. Bland mel, bagepulver og salt sammen og bland i blandingen skiftevis med mælken. Rør nødderne i, dæk til og stil på køl i 3 timer.

Rul blandingen til 3 cm/1½ kugler og rul i flormelis. Placer på en let smurt bageplade og bag i en forvarmet ovn ved 180°C/350°F/gasmærke 4 i 15 minutter, indtil de er let brunede. Serveres med puddersukker.

Amerikanske chokoladekager

Gør 20

225 g/8 oz/1 kop spæk (afkortning)

225 g/8 oz/1 kop blødt brun farin

100 g/4 oz/½ kop granuleret sukker

5 ml/1 tsk vaniljeessens (ekstrakt)

2 æg, let pisket

175 g/6 oz/1½ kopper almindeligt (all-purpose) mel

5 ml / 1 tsk salt

5 ml/1 tsk bicarbonat sodavand (bagepulver)

225 g/8 oz/2 kopper havregryn

350 g/12 oz/3 kopper chokoladechips

Pisk spæk, sukker og vaniljeessens til det er lyst og luftigt. Pisk æggene i lidt efter lidt. Bland mel, salt, natron og havre i, og bland derefter chokoladestykkerne i. Hæld skefulde af blandingen på smurte bageplader og bag dem i en forvarmet ovn ved 180°C/350°F/gasmærke 4 i ca. 10 minutter, indtil de er gyldne.

Chokolade cremer

Gør 24

175 g/6 oz/¾ kop smør eller margarine, blødgjort

175 g/6 oz/¾ kop strøsukker (superfint).

225 g/8 oz/2 kopper selvhævende (selvhævende) mel

75 g/3 oz/¾ kop tørret (revet) kokosnød

100 g/4 oz/4 kopper knust cornflakes

25 g/1 oz/¼ kop kakaopulver (usødet chokolade).

60 ml/4 spsk kogende vand

100 g/4 oz/1 kop almindelig (halvsød) chokolade

Flød smør, margarine og sukker og bland derefter mel, kokos og cornflakes i. Bland kakaoen med det kogende vand, og rør derefter i blandingen. Tril til 2,5 cm/1 kugler, fordel dem på en smurt bageplade og flad lidt med en gaffel. Bages i en forvarmet ovn ved 180°C/350°F/gasmærke 4 i 15 minutter, indtil de er gyldne.

Smelt chokoladen i en varmefast skål over en gryde med let kogende vand. Fordel halvdelen af småkagerne (kiks) ovenpå og tryk den anden halvdel ovenpå. Lad afkøle.

Chokolade chip cookies og hasselnødde cookies

Gør 16

200 g/7 oz/kop 1 kop smør eller margarine, blødgjort

50 g/2 oz/¼ kop strøsukker (superfint).

100 g/4 oz/½ kop blødt brun farin

10 ml/2 tsk vaniljeessens (ekstrakt)

1 æg, pisket

275 g/10 oz/2½ kopper almindeligt (all-purpose) mel

50 g/2 oz/½ kop kakaopulver (usødet chokolade).

5 ml/1 tsk bagepulver

75 g/3 oz/¾ kop hasselnødder

225 g/8 oz/2 kopper hvid chokolade, hakket

Pisk smør, margarine, sukker og vaniljeessens til det er blegt og luftigt, og pisk derefter ægget i. Bland mel, kakao og bagepulver i. Rør nødder og chokolade i, indtil det er blandet. Form 16 kugler og fordel udskæringerne jævnt på en smurt og beklædt bageplade, og flad derefter lidt med bagsiden af en ske. Bages i en forvarmet ovn ved 160°C/325°F/gasmærke 3 i ca. 15 minutter, indtil de lige er sat, men stadig er lidt bløde.

Chokolade og muskatnød cookies

Gør 24

50 g/2 oz/¼ kop smør eller margarine, blødgjort

100 g/4 oz/½ kop strøsukker (superfint).

15 ml/1 spsk kakao (usødet chokolade) pulver

1 æggeblomme

2,5 ml/½ tsk vaniljeessens (ekstrakt)

150 g/5 oz/1¼ kopper almindeligt (all-purpose) mel

5 ml/1 tsk bagepulver

En knivspids revet muskatnød

60 ml/4 spsk creme fraiche (mælkesyre).

Pisk smør, margarine og sukker let og luftigt. Blend kakaoen i. Pisk æggeblomme og vaniljeessens i, og rør derefter mel, bagepulver og muskatnød i. Blend med fløde, indtil det er glat. Dæk til og stil på køl.

Rul dejen ud til 5 mm/¼ tykkelse og skær ud med en 5 cm/2 skærer. Læg kagerne/kagerne på en usmurt bageplade og bag dem i en forvarmet ovn ved 200°C/400°F/gasmærke 6 i 10 minutter, indtil de er gyldne.

Småkager overtrukket med chokolade

Gør 16

175 g/6 oz/¾ kop smør eller margarine, blødgjort

75 g/3 oz/1/3 kop pulveriseret sukker (superfint).

175 g/6 oz/1½ kopper almindeligt (all-purpose) mel

50 g/2 oz/½ kop malet ris

75 g/3 oz/¾ kop chokoladechips

100 g/4 oz/1 kop almindelig (halvsød) chokolade

Pisk smør, margarine og sukker let og luftigt. Bland mel og malede ris i, og ælt derefter chokoladestykkerne i. Pres ud i en smørsmurt svejtserrullepande (gelérullepande) og prik med en gaffel. Bages i en forvarmet ovn ved 160°C/325°F/gasmærke 3 i 30 minutter, indtil de er gyldne. Mens du stadig er varm, dup på fingrene og lad dem køle helt af.

Smelt chokoladen i en varmefast skål over en gryde med let kogende vand. Fordel på småkager og lad dem køle af og sætte sig, inden de skæres i fingre. Opbevares i en lufttæt beholder.

Kaffe og chokolade sandwich cookies

Gør 40

Til cookies (kiks):

175 g/6 oz/¾ kop smør eller margarine

25 g/1 oz/2 spsk spæk (afkortning)

450 g/1 lb/4 kopper almindeligt (all-purpose) mel

En knivspids salt

100 g/4 oz/½ kop blødt brun farin

5 ml/1 tsk bicarbonat sodavand (bagepulver)

60 ml/4 spsk stærk sort kaffe

5 ml/1 tsk vaniljeessens (ekstrakt)

100 g/4 oz/1/3 kop gylden (lys majs) sirup

Til fyldet:

10 ml/2 tsk instant kaffepulver

10 ml/2 tsk med kogende vand

50 g/2 oz/¼ kop strøsukker (superfint).

25 g/1 oz/2 spsk smør eller margarine

15 ml/1 spsk mælk

For at lave småkagerne skal du gnide smør, margarine og svinefedt ind i melet og saltet, indtil blandingen ligner brødkrummer, og derefter røre brun farin i. Bland bagepulver med lidt kaffe, bland derefter resten af kaffen, vaniljeessens og sirup i og blend til en jævn masse. Læg i en let olieret skål, dæk med husholdningsfilm (film) og lad det stå natten over.

På en let meldrysset overflade rulles dejen ud til en tykkelse på ca. 1 cm/½ og skæres i 2 x 7,5 cm/¾ x 3 rektangler. Prik på hver side med en gaffel for at skabe et ribbet mønster. Læg dem på en smurt bageplade og bag dem i en forvarmet ovn ved 200°C/400°F/gasmærke 6 i 10 minutter, indtil de er gyldenbrune. Afkøl på en rist.

For at forberede fyldet skal du opløse kaffepulveret i en lille gryde med kogende vand, derefter blande resten af ingredienserne i og bringe det i kog. Kog i 2 minutter, tag derefter af varmen og pisk, indtil det er tykt og afkølet. Sandwich par småkager med fyld.

julesmåkager

Gør 24

100 g/4 oz/½ kop smør eller margarine, blødgjort

100 g/4 oz/½ kop strøsukker (superfint).

225 g/8 oz/2 kopper almindeligt (all-purpose) mel

En knivspids salt

5 ml/1 tsk stødt kanel

1 æggeblomme

10 ml/2 tsk koldt vand

Et par dråber vaniljeessens (ekstrakt)

Til frostingen (til frostingen):
225 g/8 oz/11/3 kopper pulveriseret sukker (til konditorer), sigtet

30 ml/2 spsk vand

Madfarve (valgfrit)

Pisk smør og sukker til det er lyst og luftigt. Bland mel, salt og kanel i, bland derefter æggeblomme, vand og vaniljeessens i og bland til en stiv dej. Pak ind i husholdningsfilm (plastfolie) og stil på køl i 30 minutter.

Rul dejen ud til 5 mm/¼ tykkelse og skær juleforme ud med kiksefræsere eller en skarp kniv. Hvis du vil hænge dem på et træ, prik et hul i toppen af hver småkage. Stil formene på en smurt bageplade og bag dem i en forvarmet ovn ved 200°C i 10 minutter, til de er gyldne. Lad afkøle.

For at lave glasuren skal du gradvist blande vandet i pulveriseret sukker, indtil du får en ret tyk glasur. Farv små mængder i forskellige farver, hvis det ønskes. Overfør mønstrene til småkagerne, og lad dem derefter stivne. Træk en løkke af bånd eller tråd gennem hullet til ophængning.

Kokoskager

Gør 32

50 g/2 oz/3 spsk gylden (lys majs) sirup

150 g/5 oz/2/3 kop smør eller margarine

100 g/4 oz/½ kop strøsukker (superfint).

100 g/4 oz/1 kop almindeligt (all-purpose) mel

75 g/3 oz/¾ kop havregryn

50 g/2 oz/½ kop tørret (revet) kokosnød

10 ml/2 tsk bicarbonat sodavand (bagepulver)

15 ml/1 spsk varmt vand

Smelt sirup, smør, margarine og sukker sammen. Bland mel, havre og tørret kokos i. Bland bagepulver med det varme vand og bland derefter med de øvrige ingredienser. Lad blandingen køle lidt af, del derefter i 32 stykker og rul hver til en kugle. Flad småkagerne (kiks) ud og læg dem på smurte bageplader. Bages i en forvarmet ovn ved 160°C/325°F/gasmærke 3 i 20 minutter, indtil de er gyldne.

Majs cookies med frugtcreme

Gør 12

150 g/5 oz/1¼ kopper fuldkornsmel (fuldkornshvede)

150 g/5 oz/1¼ kopper majsmel

10 ml/2 tsk bagepulver

En knivspids salt

225 g/8 oz/1 kop almindelig yoghurt

75 g/3 oz/¼ kop almindelig honning

2 æg

45 ml/3 spsk olie

Til frugtcremen:

150 g/5 oz/2/3 kop smør eller margarine, blødgjort

Saft af 1 citron

Et par dråber vaniljeessens (ekstrakt)

30 ml/2 spsk flormelis (ultra fint).

225 g/8 oz jordbær

Bland mel, majsmel, bagepulver og salt sammen. Bland yoghurt, honning, æg og olie i og bland til en jævn dej. Rul ud på en let meldrysset overflade til ca. 1 cm/½ tykkelse og skær i store cirkler. Læg dem på en smurt bageplade og bag dem i en forvarmet ovn ved 200°C/400°F/gasmærke 6 i 15 minutter, indtil de er gyldne.

For at forberede frugtcremen blandes smør, margarine, citronsaft, vaniljeessens og sukker sammen. Reserver et par jordbær til pynt, purér derefter resten og gnid gennem en si (si), hvis du foretrækker frøfri creme. Rør i smørblandingen, og stil derefter på køl. Før servering, hæld eller sprøjt en cremerosette på hver kiks.

Cornish kiks

Gør 20

225 g/8 oz/2 kopper selvhævende (selvhævende) mel

En knivspids salt

100 g/4 oz/½ kop smør eller margarine

175 g/6 oz/2/3 kop strøsukker (superfint).

1 æg

Flormelis (konditorsukker), sigtet, til afstøvning

Bland mel og salt i en skål, og gnid derefter smørret med margarinen, indtil blandingen minder om brødkrummer. Rør sukkeret i. Bland ægget i og ælt til en blød dej. Rul tyndt ud på en let meldrysset overflade, og skær derefter i cirkler.

Læg dem på en smurt bageplade og bag dem i en forvarmet ovn ved 200°C / 400°F / gasmærke 6 i ca. 10 minutter, indtil de er gyldne.

Fuldkorns ribs cookies

Gør 36

100 g/4 oz/½ kop smør eller margarine, blødgjort

50 g/2 oz/¼ kop demerara sukker

2 æg, adskilt

100 g/4 oz/2/3 kop ribs

225 g/8 oz/2 kopper fuld hvede (fuld hvede) mel

100 g/4 oz/1 kop almindeligt (all-purpose) mel

5ml/1 tsk stødt (æbletærte) krydderi

150 ml/¼ pt/2/3 kop mælk, plus til børstning

Pisk smør, margarine og sukker let og luftigt. Pisk æggeblommerne i, og rør derefter rosinerne i. Bland melet og det blandede krydderi sammen og bland med mælken. Pisk æggehviderne, indtil de er bløde, og vend dem derefter ind i blandingen til en blød dej. Rul dejen ud på en let meldrysset overflade, og skær den derefter ud med en 5 cm/2 kagedåse. Læg dem på en bageplade med smør og pensl med mælk. Bages i en forvarmet ovn ved 180°C/350°F/gasmærke 4 i 20 minutter, indtil de er gyldne.

Daddelsandwich cookies

Gør 30

225 g/8 oz/1 kop smør eller margarine, blødgjort

450 g/1 lb/2 kopper blødt brun farin

225 g/8 oz/2 kopper havregryn

225 g/8 oz/2 kopper almindeligt (all-purpose) mel

2,5 ml/½ tsk bikarbonatsodavand (bagepulver)

En knivspids salt

120 ml/4 fl oz/½ kop mælk

225 g/8 oz/2 kopper udstenede (udstenede) dadler, meget fint hakket

250 ml/8 fl oz/1 kop vand

Pisk smør eller margarine og halvdelen af sukkeret let og luftigt. Bland de tørre ingredienser sammen og tilsæt til flødeblandingen skiftevis med mælken, indtil du får en fast dej. Rul ud på et let meldrysset bord og skær i cirkler med en kikseudstikker. Læg dem på en smurt bageplade og bag dem i en forvarmet ovn ved 180°C/350°F/gasmærke 4 i 10 minutter, indtil de er gyldne.

Kom alle de resterende ingredienser i en gryde og bring det i kog. Skru ned for varmen og lad det simre i 20 minutter, under omrøring af og til, indtil det er tyknet. Lad afkøle. Sandwich cookies med fyld.

Digestive cookies (Graham Crackers)

Gør 24

175 g/6 oz/1½ kopper fuldkornshvede (fuld hvede) mel

50 g/2 oz/½ kop almindeligt (all-purpose) mel

50 g/2 oz/½ kop medium valset havre

2,5 ml / ½ tsk salt

5 ml/1 tsk bagepulver

100 g/4 oz/½ kop smør eller margarine

30 ml/2 spsk blødt brun farin

60 ml/4 spsk mælk

Bland mel, havregryn, salt og bagepulver sammen, gnid derefter smør eller margarine i og bland sukkeret i. Tilsæt mælken lidt efter lidt og bland til en blød dej. Ælt godt, indtil det ikke længere er klistret. Rul ud til 5 mm/¼ tykkelse og skær i 5 cm/2 firkanter med en udstikker. Placer på en smurt bageplade og bag i en forvarmet ovn ved 180°C/350°F/gasmærke 4 i ca. 15 minutter.

påske cookies

Gør 20

75 g/3 oz/1/3 kop smør eller margarine, blødgjort

100 g/4 oz/½ kop strøsukker (superfint).

1 æggeblomme

150 g/6 oz/1½ kopper selvhævende (selvhævende) mel

5ml/1 tsk stødt (æbletærte) krydderi

15 ml/1 spsk hakket blandet (opsummeret) fløde

50 g/2 oz/1/3 kop rosiner

15 ml/1 spsk mælk

Pulversukker (ultra fint) til drys.

Pisk smør, margarine og sukker. Pisk æggeblommen i, og rør derefter mel og blandede krydderier i. Bland fløde og ribs med nok mælk til at lave en stiv dej. Rul ud til ca. 5 mm/¼ tykkelse og skær i 5 cm/2 firkanter med en udstikker. Læg småkagerne på en bageplade med smør og prik dem med en gaffel. Bages i en forvarmet ovn ved 180°C/350°F/gasmærke 4 i ca. 20 minutter, indtil de er gyldne. Drys med sukker.

Florentinerne

Gør 40

100 g/4 oz/½ kop smør eller margarine

100 g/4 oz/½ kop strøsukker (superfint).

15 ml/1 spsk dobbelt (tung) creme

100 g/4 oz/1 kop hakkede blandede nødder

75 g/3 oz/½ kop sultanas (gyldne rosiner)

50 g/2 oz/¼ kop glace (kandiserede) kirsebær

Smelt smør, margarine, sukker og fløde i en gryde ved svag varme. Tag af varmen og rør nødder, sultanas og glacekirsebær i. Læg teskefulde med mellemrum på bageplader beklædt med rispapir. Bages i en forvarmet ovn ved 180°C/350°F/gasmærke 4 i 10 minutter. Lad arkene afkøle i 5 minutter, og overfør dem derefter til en rist for at afslutte afkølingen, og fjern eventuelt overskydende rispapir.

Florentinsk chokolade

Gør 40

100 g/4 oz/½ kop smør eller margarine

100 g/4 oz/½ kop strøsukker (superfint).

15 ml/1 spsk dobbelt (tung) creme

100 g/4 oz/1 kop hakkede blandede nødder

75 g/3 oz/½ kop sultanas (gyldne rosiner)

50 g/2 oz/¼ kop glace (kandiserede) kirsebær

100 g/4 oz/1 kop almindelig (halvsød) chokolade

Smelt smør, margarine, sukker og fløde i en gryde ved svag varme. Tag af varmen og rør nødder, sultanas og glacekirsebær i. Læg teskefulde med mellemrum på bageplader beklædt med rispapir. Bages i en forvarmet ovn ved 180°C/350°F/gasmærke 4 i 10 minutter. Lad arkene afkøle i 5 minutter, og overfør dem derefter til en rist for at afslutte afkølingen, og fjern eventuelt overskydende rispapir.

Smelt chokoladen i en varmefast skål over en gryde med let kogende vand. Fordel over småkagerne (kiks) og lad afkøle og sætte sig.

Luksus chokolade Firenze

Gør 40

100 g/4 oz/½ kop smør eller margarine

100 g/4 oz/½ kop blødt brun farin

15 ml/1 spsk dobbelt (tung) creme

50 g/2 oz/¼ kop mandler, hakkede

50 g/2 oz/¼ kop hasselnødder, hakket

75 g/3 oz/½ kop sultanas (gyldne rosiner)

50 g/2 oz/¼ kop glace (kandiserede) kirsebær

100 g/4 oz/1 kop almindelig (halvsød) chokolade

50 g/2 oz/½ kop hvid chokolade

Smelt smør, margarine, sukker og fløde i en gryde ved svag varme. Tag af varmen og rør nødder, sultanas og glacekirsebær i. Læg teskefulde med mellemrum på bageplader beklædt med rispapir. Bages i en forvarmet ovn ved 180°C/350°F/gasmærke 4 i 10 minutter. Lad arkene afkøle i 5 minutter, og overfør dem derefter til en rist for at afslutte afkølingen, og fjern eventuelt overskydende rispapir.

Smelt almindelig chokolade i en varmefast skål over en gryde med let kogende vand. Fordel over småkagerne (kiks) og lad afkøle og sætte sig. Smelt den hvide chokolade i en ren skål på samme måde, og dryp derefter linjer af hvid chokolade over småkagerne i et tilfældigt mønster.

Fudge nøddekager

Gør 30

75 g/3 oz/1/3 kop smør eller margarine, blødgjort

200 g / 7 oz / sparsom 1 kop (ultrafint) sukker

1 æg, let pisket

100 g/4 oz/½ kop hytteost

5 ml/1 tsk vaniljeessens (ekstrakt)

150 g/5 oz/1¼ kopper almindeligt (all-purpose) mel

25 g/1 oz/¼ kop kakaopulver (usødet chokolade).

2,5 ml/½ tsk bagepulver

1,5 ml/¼ teskefuld bikarbonatsodavand (bagepulver)

En knivspids salt

25 g/1 oz/¼ kop hakkede blandede nødder

25 g/1 oz/2 spsk granuleret sukker

Pisk smør, margarine og flormelis til det er lyst og luftigt. Bland gradvist ægget og flødeosten i. Tilsæt resten af ingredienserne, undtagen perlesukkeret, og bland til en blød dej. Pak ind i husholdningsfilm (film) og stil på køl i 1 time.

Rul dejen til kugler på størrelse med valnødde og rul i perlesukker. Læg kiksene (småkagerne) på en bageplade med smør og bag dem i en forvarmet ovn ved 180°C/350°F/gasmærke 4 i 10 minutter.

Tyske iskager

Gør 12

50 g/2 oz/¼ kop smør eller margarine

100 g/4 oz/1 kop almindeligt (all-purpose) mel

25 g/1 oz/2 spsk strøsukker (ultra fint).

60 ml/4 spsk brombærsyltetøj (på dåse)

100 g/4 oz/2/3 kop strøsukker (til konditorer), sigtet

15 ml/1 spsk citronsaft

Gnid smørret ind i melet, indtil blandingen ligner brødkrummer. Bland sukkeret i og pres det til en pasta. Rul ud til 5 mm/¼ tykkelse og skær i cirkler med en udstikker. Anbring på en smurt bageplade og bag i en forvarmet ovn ved 180°C/350°F/gasmærke 6 i 10 minutter, indtil den er kold. Lad afkøle.

Sandwich parrer småkager med marmelade. Kom flormelis i en skål og lav en brønd i midten. Rør gradvist citronsaften i for at danne en glasur. Dryp over småkagerne, og lad dem stivne.

Gingernaps

Gør 24

300 g/10 oz/1¼ kop smør eller margarine, blødgjort

225 g/8 oz/1 kop blødt brun farin

75 g/3 oz/¼ kop sort sirup (melasse)

1 æg

250 g/9 oz/2¼ kopper almindeligt (all-purpose) mel

10 ml/2 tsk bicarbonat sodavand (bagepulver)

2,5 ml / ½ tsk salt

5 ml/1 tsk malet ingefær

5 ml/1 tsk stødt nelliker

5 ml/1 tsk stødt kanel

50 g/2 oz/¼ kop granuleret sukker

Pisk smør eller margarine, farin, sirup og æg til det er luftigt. Bland mel, natron, salt og krydderier sammen. Rør i smørblandingen og bland til en stiv dej. Dæk til og afkøl i 1 time.

Form dejen til små kugler og rul dem i perlesukker. Læg på en smurt bageplade (småkage) og drys med lidt vand. Bages i en forvarmet ovn ved 190°C/375°F/Gas 5 i 12 minutter, indtil de er gyldne og sprøde.

Ingefær cookies

Gør 24

100 g/4 oz/½ kop smør eller margarine

225 g/8 oz/2 kopper selvhævende (selvhævende) mel

5 ml/1 tsk bicarbonat sodavand (bagepulver)

5 ml/1 tsk malet ingefær

100 g/4 oz/½ kop strøsukker (superfint).

45 ml/3 spsk gylden (lys majs) sirup, opvarmet

Gnid smørret eller margarinen ind i mel, bagepulver og ingefær. Rør sukkeret i, blend derefter siruppen og bland til en stiv dej. Tril til kugler på størrelse med valnød, læg godt fra hinanden på en smurt bageplade og tryk let ned med en gaffel. Bag småkagerne (kiks) i en forvarmet ovn ved 190°C/375°F/gasmærke 5 i 10 minutter.

Honningkagemænd

Gør omkring 16

350 g/12 oz/3 kopper selvhævende (selvhævende) mel

En knivspids salt

10 ml/2 tsk malet ingefær

100 g/4 oz/1/3 kop gylden (lys majs) sirup

75 g/3 oz/1/3 kop smør eller margarine

25 g/1 oz/2 spsk strøsukker (ultra fint).

1 æg, let pisket

Nogle ribs (valgfrit)

Bland mel, salt og ingefær sammen. Smelt sirup, smør, margarine og sukker i en gryde. Lad det køle lidt af, pisk derefter de tørre ingredienser i med ægget og bland til en stiv dej. Rul ud på en let meldrysset overflade til 5 mm/¼ tykkelse og skær ud med formskærere. Antallet du laver afhænger af størrelsen på dine fræsere. Læg dem på en let smurt bageplade og tryk forsigtigt ribsene ind i småkagerne til øjne og knapper, hvis det ønskes. Bages i en forvarmet ovn ved 180°C/350°F/gasmærke 4 i 15 minutter, indtil den er gyldenbrun og fast at røre ved.

Fuldkorns ingefær cookies

Gør 24

200 g/7 oz/1¾ kop fuldkornsmel (fuldkornshvede)

10 ml/2 tsk bagepulver

10 ml/2 tsk malet ingefær

100 g/4 oz/½ kop smør eller margarine

50 g/2 oz/¼ kop blødt brun farin

60 ml/4 spsk klar honning

Bland mel, bagepulver og ingefær sammen. Smelt smør eller margarine med sukker og honning, bland derefter i de tørre ingredienser og bland til en stiv dej. Rul ud på en meldrysset overflade og skær i cirkler med en kikseudstikker. Læg dem på en smurt bageplade og bag dem i en forvarmet ovn ved 190°C/375°F/gasmærke 5 i 12 minutter, indtil de er gyldne og sprøde.

Ingefær og ris cookies

Gør 12

225 g/8 oz/2 kopper almindeligt (all-purpose) mel

2,5 ml/½ tsk stødt muskatnød

10 ml/2 tsk malet ingefær

75 g/3 oz/1/3 kop smør eller margarine

175 g/6 oz/¾ kop strøsukker (superfint).

1 æg, pisket

5 ml/1 tsk citronsaft

30 ml/2 spsk malet ris

Bland mel og krydderier sammen, gnid smørret eller margarinen, indtil blandingen ligner brødkrummer, og bland derefter sukkeret i. Bland ægget og citronsaften til en tyk dej og ælt forsigtigt til det er glat. Drys arbejdsfladen med malede ris og rul dejen til 1 cm/½ tykkelse. Skær i 5 cm/2 cirkler med en kikseudstikker. Anbring på en smurt bageplade og bag i en forvarmet ovn ved 180°C/350°F/gasmærke 4 i 20 minutter, indtil den er fast at røre ved.

Gyldne småkager

Gør 36

75 g/3 oz/1/3 kop smør eller margarine, blødgjort

200 g / 7 oz / sparsom 1 kop (ultrafint) sukker

2 æg, let pisket

225 g/8 oz/2 kopper almindeligt (all-purpose) mel

10 ml/2 tsk bagepulver

5 ml/1 tsk revet muskatnød

En knivspids salt

Æg eller mælk til glasur

Pulversukker (ultra fint) til drys.

Pisk smør, margarine og sukker. Bland gradvist æggene i, bland derefter mel, bagepulver, muskatnød og salt i og bland til en blød dej. Dæk til og lad hvile i 30 minutter.

Rul dejen ud på en let meldrysset overflade til en tykkelse på ca. 5 mm/¼ og skær den i cirkler med en kiksefræser. Læg dem på en bageplade med smør, pensl med sammenpisket æg eller mælk og drys med sukker. Bages i en forvarmet ovn ved 200°C/400°F/gasmærke 6 i 8-10 minutter, indtil de er gyldne.

Hasselnøddekager

Gør 24

100 g/4 oz/½ kop smør eller margarine, blødgjort

50 g/2 oz/¼ kop strøsukker (superfint).

100 g/4 oz/1 kop almindeligt (all-purpose) mel

25 g/1 oz/¼ kop malede hasselnødder

Pisk smør, margarine og sukker let og luftigt. Bearbejdes gradvist med mel og nødder, indtil der opnås en stiv dej. Tril til små kugler og læg dem på en godt smurt bageplade. Bag småkagerne (kiks) i en forvarmet ovn ved 180°C/350°F/gasmærke 4 i 20 minutter.

Sprøde hasselnøddekager

Gør 40

100 g/4 oz/½ kop smør eller margarine, blødgjort

100 g/4 oz/½ kop strøsukker (superfint).

1 æg, pisket

5 ml/1 tsk vaniljeessens (ekstrakt)

175 g/6 oz/1½ kopper almindeligt (all-purpose) mel

50 g/2 oz/½ kop malede hasselnødder

50 g/2 oz/½ kop hasselnødder, hakket

Pisk smør, margarine og sukker let og luftigt. Pisk gradvist æg og vaniljeessens i, bland derefter mel, malede hasselnødder og hasselnødder i og ælt til en dej. Rul til en kugle, pak den ind i plastfolie og stil den på køl i 1 time.

Rul dejen til 5 mm/¼ tykkelse og skær den i cirkler med en udstikker. Læg dem på en smurt bageplade og bag dem i en forvarmet ovn ved 200°C/400°F/gasmærke 6 i 10 minutter, indtil de er gyldne.

Hasselnødde- og mandelkager

Gør 24

100 g/4 oz/½ kop smør eller margarine, blødgjort

75 g/3 oz/½ kop strøsukker (til konditorer), sigtet

50 g/2 oz/1/3 kop malede hasselnødder

50 g/2 oz/1/3 kop malede mandler

100 g/4 oz/1 kop almindeligt (all-purpose) mel

5 ml/1 tsk mandelessens (ekstrakt)

En knivspids salt

Pisk smør, margarine og sukker let og luftigt. Bland resten af ingredienserne til en stiv dej. Rul til en kugle, dæk med plastfolie og stil på køl i 30 minutter.

Rul dejen til ca. 1 cm/½ tykkelse og skær den i cirkler med en udstikker. Læg dem på en bageplade med smør og bag i en forvarmet ovn ved 180°C/350°F/gasmærke 4 i 15 minutter, indtil de er gyldenbrune.

Honning cookies

Gør 24

75 g/3 oz/1/3 kop smør eller margarine

100 g/4 oz/1/3 kop sæt honning

225 g/8 oz/2 kopper fuld hvede (fuld hvede) mel

5 ml/1 tsk bagepulver

En knivspids salt

50 g/2 oz/¼ kop muscovadosukker

5 ml/1 tsk stødt kanel

1 æg, let pisket

Smelt smør, margarine og honning til det er blandet. Bland resten af ingredienserne i. Placer skefulde af blandingen med afstand fra hinanden på en godt smurt bageplade og bag i en forvarmet ovn ved 180°C/350°F/gasmærke 4 i 15 minutter, indtil den er gylden. Lad afkøle i 5 minutter, før den tages ud på en rist for at afslutte afkølingen.

Kære Ratafias

Gør 24

2 æggehvider

100 g/4 oz/1 kop malede mandler

Et par dråber mandelessens (ekstrakt)

100 g/4 oz/1/3 kop almindelig honning

Rispapir

Pisk æggehviderne stive. Bland forsigtigt mandler, mandelekstrakt og honning i. Læg skefulde af blandingen på bageplader godt foret med rispapir og bag dem i en forvarmet ovn ved 180°C/350°F/gasmærke 4 i 15 minutter, indtil de er gyldne. Lad det køle lidt af, og riv derefter papiret af for at fjerne det.

Honning og kærnemælks cookies

Gør 12

50 g/2 oz/¼ kop smør eller margarine

225 g/8 oz/2 kopper selvhævende (selvhævende) mel

175 ml/6 fl oz/¾ kop kærnemælk

45 ml/3 spsk klar honning

Gnid smørret eller margarinen ind i melet, indtil blandingen minder om brødkrummer. Bland kærnemælk og honning i og bland til en stiv dej. Placer på en let meldrysset overflade og ælt til glat, rul derefter ud til 2 cm/¾ tyk og skær i 5 cm/2 stykker med en kiksefræser. Placer på en smurt bageplade og bag i en forvarmet ovn ved 230°C/450°F/gasmærke 8 i 10 minutter, indtil de er gyldenbrune.

Lemon Butter Cookies

Gør 20

100 g/4 oz/1 kop malet ris

100 g/4 oz/1 kop almindeligt (all-purpose) mel

75 g/3 oz/1/3 kop pulveriseret sukker (superfint).

En knivspids salt

2,5 ml/½ tsk bagepulver

100 g/4 oz/½ kop smør eller margarine

Revet skal af 1 citron

1 æg, pisket

Bland formalede ris, mel, sukker, salt og bagepulver. Gnid med smør, indtil blandingen ligner brødkrummer. Rør citronskal i og bland nok æg i til en stiv dej. Ælt forsigtigt, rul derefter ud på en meldrysset overflade og skær i forme med en kikseudstikker. Placer på en smurt bageplade og bag i en forvarmet ovn ved 180°C/350°F/gasmærke 4 i 30 minutter. Lad pladen køle lidt af, og flyt derefter over på en rist for at køle helt af.

Citronkager

Gør 24

100 g/4 oz/½ kop smør eller margarine

100 g/4 oz/½ kop strøsukker (superfint).

1 æg, let pisket

225 g/8 oz/2 kopper almindeligt (all-purpose) mel

5 ml/1 tsk bagepulver

Revet skal af ½ citron

5 ml/1 tsk citronsaft

30 ml/2 spsk demerara sukker

Smelt smør, margarine og flormelis ved svag varme under konstant omrøring, indtil blandingen begynder at tykne. Tag af varmen og bland æg, mel, bagepulver, citronskal og saft i og bland til en dej. Dæk til og afkøl i 30 minutter.

Form dejen til små kugler og flad dem med en gaffel på en smurt bageplade. Drys med demerara sukker. Bages i en forvarmet ovn ved 180°C/350°F/gasmærke 4 i 15 minutter.

Smeltende øjeblikke

Gør 16

100 g/4 oz/½ kop smør eller margarine, blødgjort

75 g/3 oz/1/3 kop pulveriseret sukker (superfint).

1 æg, pisket

150 g/5 oz/1¼ kopper almindeligt (all-purpose) mel

10 ml/2 tsk bagepulver

En knivspids salt

8 glaserede (kandiserede) kirsebær, halveret

Pisk smør, margarine og sukker let og luftigt. Pisk gradvist ægget i, og bland derefter mel, bagepulver og salt i. Ælt forsigtigt til en glat dej. Form dejen til 16 lige store kugler og læg dem en ad gangen på en godt smurt bageplade. Flad lidt ud, og læg derefter en kirsebærhalvdel på hver side. Bages i en forvarmet ovn ved 180°C/350°F/gasmærke 4 i 15 minutter. Lad bakken køle af i 5 minutter, og flyt den derefter over på en rist for at afslutte afkølingen.

Müsli cookies

Gør 24

100 g/4 oz/½ kop smør eller margarine

100 g/4 oz/1/3 kop almindelig honning

75 g/3 oz/1/3 kop blødt brun farin

100 g/4 oz/1 kop fuldkornsmel (fuld hvede).

100 g/4 oz/1 kop havregryn

50 g/2 oz/1/3 kop rosiner

50 g/2 oz/1/3 kop sultanas (gyldne rosiner)

50 g/2 oz/1/3 kop udstenede (udstenede) dadler, hakket

50 g/2 oz/1/3 kop spiseklare tørrede abrikoser, hakket

25 g/1 oz/¼ kop valnødder, hakket

25 g/1 oz/¼ kop hasselnødder, hakket

Smelt smør eller margarine med honning og sukker. Bland resten af ingredienserne i og bland til en fast dej. Læg teskefulde på en smurt bageplade og tryk dem fladt. Bag småkagerne (kiks) i en forvarmet ovn ved 180°C/350°F/gasmærke 4 i 20 minutter, indtil de er gyldne.

Nøddekager

Gør 24

350 g/12 oz/1½ kopper smør eller margarine, blødgjort

350 g/12 oz/1½ kopper strøsukker (superfint).

5 ml/1 tsk vaniljeessens (ekstrakt)

350 g/12 oz/3 kopper almindeligt (all-purpose) mel

5 ml/1 tsk bicarbonat sodavand (bagepulver)

100 g/4 oz/1 kop hakkede blandede nødder

Pisk smør, margarine og sukker let og luftigt. Tilsæt resten af ingredienserne og bland til det er godt blandet. Form til to lange ruller, dæk til og stil på køl i 30 minutter, indtil de er faste.

Skær rullerne i 5 mm/¼ skiver og læg dem på en smurt bageplade. Bag småkagerne (kiks) i en forvarmet ovn ved 180°C/350°F/gasmærke 4 i 10 minutter, indtil de er let brune.

Sprøde nøddekager

Gør 30

100 g/4 oz/½ kop blødt brun farin

1 æg, pisket

5 ml/1 tsk vaniljeessens (ekstrakt)

45 ml/3 spsk almindeligt (all-purpose) mel

100 g/4 oz/1 kop hakkede blandede nødder

Pisk sukkeret med æg og vaniljeessens og bland derefter mel og nødder i. Læg små skefulde på en smurt og meldrysset bageplade og flad dem lidt med en gaffel. Bag småkagerne (kiks) i en forvarmet ovn ved 190°C/375°F/gasmærke 5 i 10 minutter.

Crunchy Cinnamon Cookies

Gør 24

100 g/4 oz/½ kop smør eller margarine, blødgjort

100 g/4 oz/½ kop strøsukker (superfint).

1 æg, let pisket

2,5 ml/½ tsk vaniljeessens (ekstrakt)

175 g/6 oz/1½ kopper almindeligt (all-purpose) mel

2,5 ml/½ tsk stødt kanel

2,5 ml/½ tsk bikarbonatsodavand (bagepulver)

100 g/4 oz/1 kop hakkede blandede nødder

Pisk smør, margarine og sukker. Bland gradvist 60 ml/4 spsk æg og vaniljeessens i. Bland mel, kanel, bikarbonat af sodavand og halvdelen af nødderne i. Tryk i smurt og foret swiss roll pan (gelé roll pan). Pensl med resterende æg og drys med resterende nødder og tryk forsigtigt ned. Bag småkagerne (kiks) i en forvarmet ovn ved 180°C/350°F/gasmærke 4 i 20 minutter, indtil de er gyldenbrune. Lad den køle af i formen, inden den skæres i stænger.

Havrefingre

Gør 24

200 g/7 oz/1¾ kop havregryn

75 g/3 oz/¾ kop almindeligt (all-purpose) mel

5 ml/1 tsk bagepulver

50 g/2 oz/¼ kop smør eller margarine, smeltet

Kogende vand

Bland havregryn, mel og bagepulver sammen, og rør derefter det smeltede smør eller margarine og nok kogende vand i til en blød dej. Ælt til det er fast på en let meldrysset overflade, rul derefter ud og skær i fingre. Læg dem på en smurt bageplade og bag dem i en forvarmet ovn ved 190°C i 10 minutter, indtil de er gyldenbrune.

www.ingramcontent.com/pod-product-compliance
Lightning Source LLC
Chambersburg PA
CBHW070402120526
44590CB00014B/1227